भारत की अधिकतर औद्योगिक इकाइयां या तो बंद पड़ी रहती हैं या घाटे में चलती रहती हैं। यदि इन औद्योगिक इकाइयों को वास्तु एवं फेंग शुई के अनुरूप बनाया जाये या सुधारा जाये तो, निश्चितरूप से इन परेशानियों से राहत पाई जा सकती है। तनाव रहित जीवन जीया जा सकता है।

व्यापार जगत में भी ज्यादातर व्यापारी चाहे छोटे दुकानदार हों या बड़े दुकानदार परेशान नज़र आते हैं बहुत प्रयास करने के बाद भी यथोचित लाभ नहीं मिल पाता है। यदि व्यावसायिक संस्थानों को भी वास्तु एवं फेंग शुई के अनुकूल बनाया जाये तो, कम मेहनत से ज्यादा लाभ की संभावना रहती है।

इस पुस्तक में विद्वान लेखक ने व्यापार एवं उद्योग की सफलता के लिये वास्तु एवं फेंग शुई के महत्वपूर्ण उपायों का वैज्ञानिक अध्ययन प्रस्तुत किया है।

वास्तु-फेंग शुई
उद्योग और व्यापार

कुलदीप सलूजा

डायमंड बुक्स

प्रकाशक : **डायमंड पॉकेट बुक्स (प्रा.) लि.**
X-30 ओखला इंडस्ट्रियल एरिया, फेज-II
नई दिल्ली-110020
फोन : 011-40712200
ई-मेल : sales@dpb.in
वेबसाइट : www.diamondbook.in

मुद्रक : रेप्रो (इंडिया)

Vaastu-Feng Shui : Udyog aur Vyapaar
By : Kuldeep Saluja

समर्पण

यह पुस्तक मेरे पूज्य पिता

स्वर्गीय सरदार तारासिंह जी धौल

एवं

मेरी पूज्य माता

श्रीमती रामप्यारी धौल

को सादर समर्पित है।

अपनी बात

वास्तुशास्त्र एक प्राचीन विज्ञान है। यह किसी धर्म या संप्रदाय से नहीं, बल्कि सार्वभौमिक सत्य से जुड़ा हुआ है। जिसे हजारों वर्ष के अनुसंधान के बाद विद्वान ऋषि–मुनियों द्वारा लोकोपयोगी बनाया गया है।

वर्तमान मानवीय जीवन शैली में वास्तुशास्त्र का प्रभाव बहुत ज्यादा हो गया है। आज किसी व्यक्ति के जीवन में कोई परेशानी चल रही है, तो उसके दिमाग में अन्य बातों के अलावा एक बात जरूर आती है, कि जिस मकान में वह रहता है, या जहां वह कारोबार कर रहा है, कहीं उसमें वास्तु दोष तो नहीं है। वास्तु की बढ़ती लोकप्रियता के कारण आजकल भारत के हर शहर के हर गली–मोहल्ले में वास्तुशास्त्री नजर आने लगे हैं जिनमें से अनेक वास्तुविदों को ढंग से कंपास देखना भी नहीं आता। ऐसे विद्वान, वास्तु दोषों को अपने–अपने तरीके से ठीक करने में लगे हुए हैं, कोई वास्तुदोष दूर करने के लिए तुलसी का पौधा लगवा रहा है, कोई घर के आगे गाय बंधवा रहा है, कोई पिरामिड जमीन में गड़वा रहा है या दरवाजे पर लगवा रहा है, कोई तांबे की प्लेट में यंत्र गड़वा रहा है, तो कोई भगवान की मूर्ति, फोटो या श्रीयंत्र इत्यादि लगवा रहा है।

वास्तुशास्त्र प्रकृति के साथ समन्वय बनाकर प्रकृति में व्याप्त ऊर्जा से लाभ उठाने का माध्यम है। आजकल वास्तुशास्त्र एक फैशन बन गया है, जिस कारण इस शास्त्र के वैज्ञानिक आधार कम होते जा रहे हैं और अंधविश्वास बढ़ता जा रहा है।

भारत की प्रसिद्ध मासिक पत्रिका ''गृहलक्ष्मी'' में वास्तु विषय पर छपने वाले मेरे लेखों को पढ़कर मुझे पाठकों के अनेक पत्र मिलते रहते हैं। पाठकों की समस्याएं पढ़कर मुझे इस भवन विज्ञान के विषय पर पुस्तक लिखने की प्रेरणा मिली, ताकि वास्तुदोषों के कारण परेशान एवं भ्रमित पाठकगण अपनी

समस्याओं का समाधान वैज्ञानिक तरीके से कर पाएं, और भ्रम फैलाकर लूट खसोट करने वाले तथाकथित वास्तुशास्त्रियों के मायाजाल से बच सकें।

मैं हृदय से आभारी हूं वास्तुशास्त्र के विद्वान आदरणीय श्री गौरू तिरूपति रेड्डी, श्री ए. आर. तारखेडकर, श्री बी. एन. रेड्डी, श्री द्रोणमराजु पूर्णचन्द्र राव एवं श्री आर. जी. राव जी के लिखे 'वास्तु ग्रंथों' से मैं वास्तुशास्त्र के कई रहस्यों को जान पाया और मुझे लिखने की प्रेरणा मिली।

मैं यहां विशेष रूप से धन्यवाद देना चाहूंगा डॉ. रेशमी रामधोनी, एसोसिएट प्रोफेसर, अध्यक्ष हिन्दी विभाग, महात्मा गांधी संस्थान, मॉरीशस का, जिन्होंने मेरे द्वारा वास्तुशास्त्र पर लिखे कई लेखों का फ्रेंच भाषा में अनुवाद किया। फ्रेंच में अनुवादित लेखों को मॉरीशस मीडिया के प्रमुख अखबार Week End द्वारा प्रकाशित किया गया।

मैं अपनी पत्नी श्रीमती कुलदीप सलूजा और पुत्रवधू प्रिय शीतल एवं रश्मि के स्नेह भरे सहयोग के लिए आभारी हूं, जिनके सहयोग से यह पुस्तक आप तक ला पाया।

मैं प्रिय जितेन्द्र ठाकुर, प्रवीण कुमार, मनीष गोयल, अभय कुमार वर्मा, शशिकांत और सुभाष सरपाल का भी सस्नेह आभार व्यक्त करता हूं, क्योंकि उन्होंने अपनी लगन व मेहनत द्वारा इस पुस्तक के संपादन व कम्प्यूटर पर इस पुस्तक की पांडुलिपि को तैयार करने का दुरूह कार्य को पूर्ण किया।

अंततः मैं श्री नरेन्द्र वर्मा जी (प्रकाशक एवं निदेशक, डायमंड बुक्स) का तहेदिल से आभारी हूं जिनके विश्वास एवं प्रेरणा से मैं अपने गहन अध्ययन एवं शोध को आप सबके समक्ष ला सका।

– कुलदीप सलूजा

अनुक्रमणिका

1. विश्वव्यापी वास्तुशास्त्र एवं फेंग शुई 11
2. भारतीय वास्तुशास्त्र 14
3. चीनी वास्तुशास्त्र एवं फेंग शुई 15
4. भाग्य और वास्तु 16
5. आस्था और वास्तु 17
6. वास्तु विज्ञान है 20
7. वास्तु में सूर्य का महत्त्व 22
8. वास्तुशास्त्र एवं फेंग शुई के उपाय व उनकी सीमा 24
9. पिरमिड और वास्तु 25
10. श्रीयंत्र और वास्तु 27
11. वास्तुशास्त्र एवं फेंग शुई में दिशा निर्धारण 28
12. वास्तुशास्त्र एवं फेंग शुई के अनुसार दिशाएं व कोण 30
13. प्लॉट का विभाजन 31
14. उद्योग–वास्तु एवं फेंग शुई 33

    फैक्टरी के लिए गौ मुंखी/शेर मुखी भूखंड 38

    फैक्टरी के भवन का निर्माण 42

    वीथीशुला 46

फैक्टरी और सड़क 48

औद्योगिक क्षेत्र में फैक्टरी 52

15. व्यवसाय–वास्तु एवं फेंग शुई 72

16. दुकान में बैठक व्यवस्था एवं कैश बॉक्स रखने का स्थान 84

17. दो शटर वाली दुकान का वास्तु 86

18. दुकान की सीढ़ियां 88

19. दुकान का विभाजन और वास्तु 90

20. बेकरी उद्योग और वास्तु 93

21. डेयरी उद्योग और वास्तु 95

22. फ्लोर मिल और वास्तु 97

23. पोल्ट्री फार्म और वास्तु 99

24. स्टोन क्रशर और वास्तु 101

25. सॉ मिल और वास्तु 103

26. पैकिंग इंडस्ट्री और वास्तु 105

27. होटल और वास्तु 107

28. कम्प्यूटर ट्रेनिंग सेन्टर और वास्तु 110

29. वास्तु प्रश्नोत्तरी – उद्योग 113

30. वास्तु प्रश्नोत्तरी – व्यापार 117

31. बीमार उद्योग को वास्तु अनुरूप ठीक करना 120

32. वास्तु समस्याएं एवं समाधान 122

33. वास्तु जिज्ञासाओं का समाधान 131

34. अंत में 137

विश्वव्यापी वास्तुशास्त्र एवं फेंग शुई

वास्तुशास्त्र और फेंग शुई दोनों ही किसी भी भवन या भूमि के आकार, अनुपात, दिशा तथा आसपास के वातावरण में पर्यावरण के साथ सामंजस्य बनाए रखने की भारत व चीन की प्राचीन कला है। वास्तु का प्रभाव मकान, दुकान, कारखानें, स्कूल, अस्पताल, धर्मशाला, सार्वजनिक कार्यालय, धार्मिक स्थान, नदी–नाले, श्मशान भूमि, अनैतिक धाम जैसे जुआघर, शराबखाने, वेश्यालय इत्यादि और यहां तक कि सड़क, चौराहा, तिराहा, गली, महल्ला, शहर अर्थात् पृथ्वी पर हर जगह समान रूप से पड़ता है।

आजकल जब भी कोई व्यक्ति नया घर बनाता है तो उसकी बाहरी व आंतरिक साज–सज्जा पर बहुत ध्यान देने के साथ–साथ कोशिश करता है कि उसे अधिक से अधिक सुख–सुविधा का लाभ भी मिले, पर इस बात पर कभी भी गंभीरता से विचार नहीं करता कि क्या यह नया भवन उसके जीवन में सुख, समृद्धि, प्रसिद्धि, स्वास्थ्य और शांति का मार्ग प्रशस्त करेगा कि नहीं, आप चाहे महल में ही क्यों न रह रहे हों, जहां सभी प्रकार की भौतिक सुख–सुविधाएं उपलब्ध हों पर वहां मन की शांति न हो, स्वास्थ्य अच्छा न हो, परिवार विभिन्न प्रकार की अनावश्यक परेशानियों से त्रस्त रहता हो, पारिवारिक जीवन दुःखी एवं तनावग्रस्त हो, परिवार में एक के बाद एक दुःखद दुर्घटनाएं हो रही हों तो बताइए ऐसे सुख–सुविधाओं भरे महल में रहने से क्या लाभ ?

इस संसार के प्राणी ऐसी परेशानियों से बचे रहें, और सुखद जीवन व्यतीत कर सकें, इसके लिए ही हमारे ऋषि मुनियों ने निरंतर खोज कर वास्तुशास्त्र की रचना की है। वास्तुशास्त्र के सिद्धांत पूर्णतः प्रकृति के अनुकूल

हैं। प्राचीन काल में जो मकान, महल, मंदिर, नगर इत्यादि वास्तुशास्त्र के सिद्धांतों के अनुसार निर्मित किए गए वह आज भी अपना गौरव बढ़ा रहे हैं। जैसे–आंध्र प्रदेश में स्थित तिरुपति बालाजी का मंदिर, बद्रीनाथ का मंदिर, माता वैष्णोदेवी का मंदिर, ताजमहल, खजुराहो के मंदिर, जयपुर शहर इत्यादि हैं। जो भवन वास्तुशास्त्र के सिद्धांतों के अनुसार नहीं बनाए गए वह समय के साथ खंडहरों में बदल गए।

हमें हमारे आसपास ही ऐसे अनेक वास्तु के उदाहरण देखने को मिल जाते हैं, जैसे हम किसी परिचित के घर जाते हैं तो, घर के अंदर जाने पर मन प्रसन्नता से नाच उठता है और वहां बार–बार जाने का मन करता है, जबकि अन्य किसी परिचित के घर के अंदर जाने के बाद घुटन महसूस होती है, भारीपन लगता है, वहां से जल्दी आने का मन करता है और फिर कभी उनके यहां जाने की इच्छा भी नहीं होती है। इसी प्रकार हम अपने आसपास देखते हैं कि पड़ोस के ही किसी मकान में आकर रहने वाले किरायेदार, जीवन के विभिन्न क्षेत्रों में सफलता प्राप्त करते हुए, अपना स्वयं का एक शानदार मकान बनाते हैं, और फिर किराये का मकान छोड़कर अपने बनाए नए मकान में रहने चले जाते हैं। कई मकान ऐसे भी होते हैं, जिसमें जो भी परिवार रहने आता है, वहां आते ही उनके परिवार में दुःखद घटनाओं का सिलसिला चल पड़ता है। परिवार के सदस्य आर्थिक, शारीरिक व मानसिक रूप से परेशान रहते हुए एक दिन मकान छोड़कर चले जाते हैं। कभी–कभी भव्य भवन का निर्माण कर उसमें निवास करने वाले आर्थिक रूप से संपन्न होते हुए भी वंशहीन रह जाते हैं, तदंतर में उस भवन का उपयोगकर्त्ता न होने से वह भवन खंडहर में बदल जाता है। कई फैक्टरी मालिकों को अपनी फैक्ट्री शुरू करते ही श्रमिक समस्याओं, दुर्घटनाओं, सरकारी छापों आदि से परेशान होकर फैक्टरी बंद करनी पड़ जाती है। इसके बिलकुल विपरीत ऐसा भी होता है, कि छोटे से स्थान पर कार्य शुरू करके कुछ लोग शीघ्र सफलता प्राप्त कर अपना कारोबार काफी बढ़ा लेते हैं, बहुत धनवान हो जाते हैं, और सुख–समृद्धि भरा जीवन व्यतीत करते हैं।

यदि किसी झोंपड़े को वास्तु अनुरूप बनाया जाए, तो वहां रहने वाले व्यक्ति को अपनी दैनिक आवश्यकताओं की पूर्ति के लिए परेशानियां नहीं उठानी पड़ती हैं। उसका परिवार तरक्की करता है और परिवार का जीवन धीरे–धीरे सुखद होता चला जाता है। इसके विपरीत यदि किसी बंगले का वास्तु बिगड़ जाए तो, वहां रहने वाले चाहे कितने ही रईस क्यों न हों, पर उन्हें अपनी दैनिक आवश्यकताओं की पूर्ति के लिए भी बहुत कष्ट उठाने पड़ते हैं। धीरे–धीरे उनके ऐश्वर्य और मान–सम्मान में कमी आने लगती है, सांथ ही शारीरिक, मानसिक व आर्थिक कष्ट बढ़ने से उनका जीवन दुःखद होता चला जाता है। कुछ वास्तुदोष ऐसे होते हैं, जो शीघ्र ही अपना कुप्रभाव दिखाना शुरू कर देते हैं, अतः इन वास्तुदोषों को सुधारने में कभी भी विलम्ब नहीं करना चाहिए।

वास्तु में इस बात का कोई महत्त्व नहीं है, कि जिस भवन में आप निवास कर रहे हैं, वह भवन आपका अपना है या किराये का, स्थायी निवास स्थान है, या अस्थायी निवास स्थान। जैसे किराये का घर, फ्लैट, दुकान, अस्पताल, होटल इत्यादि। वास्तु हर जगह पूर्ण रूप से प्रासंगिक होता है। उदाहरण के लिए आप किसी नाव में यात्रा कर रहे हैं और उस नाव में सुराख हो जाए तो आप निश्चित ही डूब जाएंगे। अब वह नाव आपकी अपनी हो, या किराये की हो, या आप सिर्फ नदी पार करने के लिए उसमें बैठे हों, इससे कोई फर्क नहीं पड़ता।

इसी के साथ वास्तु के ज्ञाता को भी हमेशा वास्तु में दो चीजों के प्रति विशेष संवेदनशील होना पड़ता है। एक, जो लोग वहां रहते हैं उनकी जरूरतें क्या हैं? दूसरी, उस परिसर की जरूरत क्या है? क्योंकि भवन आखिर उस व्यक्ति के लिए ही है, जो वहां रहता है। योग्य वास्तुशास्त्र ज्ञाता वही है जो उपलब्ध साधनों के भीतर ही भवन मालिक की आवश्यकताओं की पूर्ति और वास्तु सिद्धांतों का उचित समन्वय करता है।

भारतीय वास्तुशास्त्र

भारतीय वास्तुशास्त्र का मूल आधार विश्वव्यापी पंचतत्त्व पृथ्वी, जल, अग्नि, वायु और आकाश है। सम्पूर्ण ब्रह्मांड और हमारा शरीर भी इन्हीं पांच तत्त्वों से बना है। इन महातत्त्वों के अनुरूप घर को बनाना, सजाना, संवारना ही वास्तु कहलाता है। वास्तुशास्त्र, पृथ्वी पर रहने वाली चुम्बकीय प्रभाव की धाराओं एवं सूर्य से मिलने वाली ऊर्जा का वैज्ञानिक तरीके से उपयोग कर अधिकतम लाभ प्राप्त करने का विज्ञान है, इस हेतु यह हमारा मार्गदर्शन करता है। जिससे सूर्य से मिलने वाली सकारात्मक व ऋणात्मक ऊर्जा का सही अनुपात में उपयोग कर हम सुख, शांति, समृद्धि और वैभव प्राप्त कर सकें। यदि आप पांच तत्त्वों में से तीन तत्त्व पृथ्वी, जल व अग्नि के साथ सामंजस्य बैठा लें तो वायु और आकाश के साथ सामंजस्य अपने आप बैठ जाता है।

चीनी वास्तुशास्त्र फेंग शुई

चीनी वास्तुशास्त्र को फेंग शुई कहा जाता हैं। फेंग शुई चीन का लगभग पांच हजार वर्ष पुराना प्राचीन विज्ञान है। फेंग शुई का शाब्दिक अर्थ होता है Wind और Water अर्थात् हवा और पानी। किसी भी भवन के अंदर इन दोनों के सही संतुलन से सकारात्मक ऊर्जा बढ़ती है जिससे सुख–शांति और समृद्धि प्राप्त होती है। फेंग शुई के अनुसार मनुष्य का भाग्य तीन प्रकार का होता है।

- **स्वर्ग से प्राप्त भाग्य** – वह भाग्य जो मनुष्य को पिछले जन्मों के कर्मों के अनुसार प्राप्त होता है।
- **मनुष्य द्वारा प्राप्त भाग्य** – वह भाग्य जो मनुष्य अपने कड़े परिश्रम व लगन से प्राप्त करता है। इसे कर्म भी कहते हैं।
- **पृथ्वी से प्राप्त भाग्य** – यह वह भाग्य होता है जो किसी भी भवन के आकार, अनुपात, दिशा तथा उसके आसपास के वातावरण, घर, दुकान, ऑफिस इत्यादि से प्राप्त होता है। हम फेंग शुई की सहायता से प्रकृति में विद्यमान सकारात्मक एवं नकारात्मक शक्तियां जिन्हें चीन में यिन (Yin) एवं यांग (Yang) के नाम से जाना जाता है, का संयोजन इस प्रकार करते हैं कि यह शक्तियां मानव जीवन के लिए ज्यादा से ज्यादा उपयोगी हों, ताकि मनुष्य सुख, समृद्धि, मानसिक सुख–शांति, स्वास्थ्य आदि को अधिक से अधिक प्राप्त कर सके।

यिन (Yin) एवं यांग (Yang)

भाग्य और वास्तु

भाग्य से बढ़कर कुछ नहीं होता। यदि भाग्य अच्छा हो और वास्तु खराब हो, तब भी व्यक्ति जीवन में सफलता प्राप्त करता है, पर यह सफलता काफी मेहनत व कठिनाइयों के बाद मिलती है। भाग्य अच्छा हो और वास्तु भी अच्छा हो, तब व्यक्ति जीवन में खूब सफलताएं हासिल करता है और यह सफलताएं बिना किसी विशेष मेहनत व परेशानी के प्राप्त हो जाती हैं। यदि भाग्य खराब हो और वास्तु विन्यास अच्छा हो, तो दुःख व परेशानी वाला समय कम तकलीफ के व्यतीत हो जाता है, पर भाग्य खराब हो और साथ ही वास्तु भी खराब हो, तो व्यक्ति का जीवन काफी कष्टप्रद हो जाता है, और यह खराब समय बड़ी कठिनाई के साथ निकलता है।

यह तय है कि दिशा से दशा नहीं बदली जा सकती, परंतु खराब दशा में दिशा ठीक करके राहत जरूर पाई जा सकती है। कई बार लोग कहते हैं कि जो भाग्य में होगा अपने आप मिल जाएगा, तो वास्तु के चक्कर में क्या पड़ना। दोस्तों जब भाग्य में लिखा होता है तब ही हम बीमार पड़ते हैं, और बीमारी में तुरंत डॉक्टर के पास जाकर अपना इलाज करवाते हैं, क्यों? यदि हमारे भाग्य में पुनः स्वस्थ होकर जीना लिखा है, तब तो हम बिना इलाज के ही अपने आप ठीक हो जाएंगे। पर हम भाग्य के भरोसे नहीं बैठते। उसी प्रकार खराब भाग्य के कारण शारीरिक, मानसिक व आर्थिक परेशानियां चल रही हों तब वास्तु के माध्यम से निश्चित ही बहुत राहत पाई जा सकती है। भाग्य को बदलना हमारे हाथ में नहीं है, पर वास्तु विन्यास ठीक कर सुखी जीवन व्यतीत करना हमारे हाथ में है और यही कर्म है।

आस्था और वास्तु

विश्व की सभी सभ्यताओं में धार्मिक प्रतीकों के प्रति बड़ी आस्था है। भारतवर्ष में भी स्वस्तिक, ओम्, श्री, पंचागुलक हाथ, 786, ओंकार इत्यादि धार्मिक प्रतीकों के साथ–साथ विभिन्न प्रकार के यंत्र जैसे लक्ष्मी यंत्र, श्रीयंत्र, कुबेर यंत्र, काली यंत्र, सूर्य यंत्र इत्यादि के प्रति अत्यधिक आस्था एवं श्रद्धा है।

अधिकांश पढ़े–लिखे लोग समझते हैं कि अंधविश्वासी और कर्महीन लोग ही तावीज, रुद्राक्ष, अंगूठी, यंत्र आदि धारण करते हैं लेकिन सच्चाई यह है कि ऐसे प्रतीकों को पहनना वाकई लाभदायक है। इंग्लैंड के हर्टफोर्डशायर विश्वविद्यालय के प्रोफेसर रिचर्ड वाइजमैन के नेतृत्व में कुछ शोधकर्त्ताओं ने तावीज, रुद्राक्ष, अंगूठी आदि धार्मिक प्रतीकों के लाभकारी पक्षों का आकलन किया। रिचर्ड वाइजमैन का कहना है कि, इसे पहनने से लोगों की नियति में वाकई सुधार आता है।

निश्चित ही इन प्रतीकों एवं यंत्रों का प्रयोग लाभदायक रहता है, उससे मानव की सकारात्मक सोच विकसित होती है। वे अपने भविष्य के प्रति ज्यादा आशावान होते हैं। इन प्रतीकों का उपयोग करने वाला व्यक्ति निराशा से मुक्ति पाता है व उसमें आत्मविश्वास की भावना जागृत होती है।

आत्मविश्वास से प्रेरित होकर व्यक्ति अधिक मेहनत करता है जिससे उसकी कामयाबी का रास्ता खुलता चला जाता है।

पिछले 7–8 सालों से हमारे देश में वास्तुदोष निवारण में भी इन प्रतीकों का उपयोग जोर–शोर से किया जाने लगा है। जिसमें श्रीयंत्र, स्वस्तिक यंत्र, वास्तुदोष निवारक यंत्र, स्वस्तिक पिरामिड, सिद्ध गणपती, पंचमुखी हनुमान इत्यादि प्रमुख प्रतीक के रूप में उपयोग में लाये जाते हैं। इन भारतीय प्रतीकों के साथ–साथ फेंग शुई के माध्यम से आये चीन के कुछ प्रतीक जैसे लॉफिंग बुद्धा, डबल हैप्पीनेस सिम्बल, फुक–लुक–शु, तीन टांग का मेढक, लकी क्वाइन इत्यादि के उपयोग का चलन भी खूब चल रहा है। यह प्रतीक चाहे सिद्ध किए हों या न हो, वास्तुदोष निवारण में यह कोई विशेष उपयोगी नहीं होते हैं। जैसे किसी गम्भीर रोग में डॉक्टर अपने मरीज को ठीक करने के लिए उस रोग से संबंधित दवाई देता है साथ ही ताकत के लिए मरीज को विटामिन की गोली भी देता है। उसी प्रकार महत्वपूर्ण वास्तुदोषों में धार्मिक आस्था के प्रतीक केवल विटामिन की गोलियों की तरह होते हैं।

क्या, केवल विटामिन की गोली से किसी गम्भीर रोग को दूर किया जा सकता है? बिल्कुल नहीं। ठीक उसी प्रकार महत्वपूर्ण वास्तुदोषों को भी उपरोक्त प्रतीकों के प्रयोग से दूर नहीं किया जा सकता है। महत्वपूर्ण वास्तुदोषों को दूर करने के लिए भवन की बनावट में ही आवश्यकतानुसार छोटे–बड़े परिवर्तन करने पड़ते हैं। तभी समस्या का पूर्णरूप से निराकरण हो पाता है।

उदाहरण के तौर पर, किसी भवन के पश्चिम नैऋत्य में मुख्यद्वार हो और द्वार के पास ही दक्षिण में भूमिगत पानी की टंकी, कुआं, या बोरवेल हो तो उस घर के किसी पुरुष सदस्य की दुर्घटना में असामयिक मृत्यु की अत्यधिक संभावना रहती है। इस दोष को दूर करने के लिए स्वस्तिक, श्रीयंत्र, पिरामिड, सिद्ध गणपती इत्यादि आप किसी भी प्रतीक का कितना ही प्रयोग क्यों न कर लें, परन्तु किसी भी प्रतीक से कोई लाभ नहीं होगा। ऐसे वास्तुदोष में पश्चिम नैऋत्य के मुख्यद्वार को दीवार बनाकर बंद करना पड़ता है और

नया मुख्य द्वार पश्चिम वायव्य में बनाना पड़ता है। इसके साथ ही दक्षिण नैऋत्य के भूमिगत पानी के स्त्रोत को मिट्टी डालकर बंद करना पड़ता है, तभी उपरोक्त वास्तुदोष का निराकरण हो सकता है।

महत्वपूर्ण वास्तुदोष निवारण का महत्त्व आप इस प्रकार समझ सकते हैं कि, 1 की संख्या के आगे एक शून्य लगाया जाए, तो वह संख्या 10 हो जाएगी, दो शून्य लगाए जाएं तो 100 हो जाएगी, तीन शून्य लगाने पर 1000 हो जाएगी, इसी प्रकार प्रत्येक शून्य लगाने पर वह संख्या दस गुना बढ़ती जाएगी। परन्तु यदि अंक 1 की संख्या न हो तो कितने ही शून्य क्यों न लगें हों, सभी शून्य ही रहेंगे। अतः संख्या 1 का होना बहुत जरूरी है। इसी प्रकार महत्वपूर्ण वास्तुदोष के निवारण का महत्त्व संख्या 1 के बराबर है और आस्था के प्रतीकों का महत्त्व 0 शून्य के बराबर है। यह तय है कि अच्छे वास्तु में ही यह प्रतीक सोने पे सुहागा का काम करते हैं।

वास्तुशास्त्र विज्ञान है

वास्तुशास्त्र के सिद्धांत पूर्णतः वैज्ञानिक आधार पर बने हैं। इस बात की पुष्टि हम कुछ वास्तु सिद्धांतों के विश्लेषण से कर सकते हैं। जैसे–

* **ईशान कोण में पानी :** ईशान कोण में स्थित पानी के स्रोत पर पड़ने वाली प्रातःकालीन सूर्य की किरणें पानी में पैदा होने वाले हानिकारक बैक्टीरिया और कीटाणुओं आदि को नष्ट करती है। विज्ञान ने भी स्वीकार किया है कि सूर्य की किरणों में यह शक्ति होती है।

* **पूर्व दिशा में आंगन :** सूर्य की जीवनदायी प्रातःकालीन किरणों का अधिक से अधिक लाभ प्राप्त करने के लिए पूर्व दिशा में आंगन रखने की सलाह दी जाती है ताकि प्रातःकाल धूप में स्नान किया जा सके जो कि अत्यधिक स्वास्थ्यवर्धक होता है।

* **पूर्व दिशा में पेड़ :** बड़ी शाखा एवं चौड़ी पत्तियों वाले बड़े पेड़ को पूर्व एवं ईशान दिशा में नहीं उगाने चाहिए। यह पेड़ प्रातःकालीन सूर्य की सकारात्मक किरणों को घर में प्रवेश करने में रुकावट पैदा करते हैं।

* **आग्नेय कोण में रसोईघर :** आग्नेय कोण में स्थित रसोईघर में पूर्व दिशा से प्रातःकालीन सूर्य की किरणें प्रवेश करती हैं जो रसोई में पैदा होने वाले हानिकारक बैक्टीरिया एवं कीटाणुओं को नष्ट करती हैं।

* **पश्चिम दिशा की दीवारें ऊंची व मोटी होना :** प्रातःकालीन सूर्य की किरणें तो लाभदायक होती हैं परंतु दोपहर के समय जब सूर्य पश्चिम दिशा में आग उगल रहा होता है उस समय सूर्य की किरणें हानिकारक होती हैं। उन हानिकारक किरणों के संपर्क में हम कम से कम आएं, इस कारण वास्तुशास्त्र में दक्षिण–पश्चिम दिशा में ऊंची व मोटी दीवार बनाने की सलाह दी जाती है।

*** सोते समय सिर दक्षिण में :** मनुष्य का सिर उत्तरी ध्रुव और पैर दक्षिण ध्रुव की भांति कार्य करते हैं। यदि सिर उत्तर की ओर किया जाए तो, पृथ्वी के उत्तरी ध्रुव से दोनों में विकर्षण पैदा होगा परिणामस्वरूप मनुष्य के शरीर में रक्त प्रवाह और नींद में बाधा पैदा होने से तनाव उत्पन्न होगा। इसी कारण वास्तुशास्त्र के अनुसार अच्छे स्वास्थ्य के लिए सोते समय सिर दक्षिण में व पैर उत्तर दिशा की ओर होने चाहिए।

इस प्रकार के अनेक वैज्ञानिक तर्क वास्तुशास्त्र के सिद्धांतों को प्रमाणित करते हैं अतः वास्तु दोषों का निवारण भी वैज्ञानिक तरीके से ही करना चाहिए। वास्तुदोष होने पर किसी भी प्रकार के टोने–टोटके, पूजा–पाठ, यंत्र–मंत्र–तंत्र, पिरामिड, श्री यंत्र, कुछ गाड़ना या लगाना सब व्यर्थ होता है। यदि किसी मंदिर का वास्तु विन्यास ठीक न हो तो वहां भी ज्यादा लोग दर्शन करने नहीं जाते, मंदिर में चढ़ावा भी ठीक नहीं आता, जबकि स्वयं भगवान वहां विराजमान रहते हैं।

वास्तुशास्त्र एवं फेंग शुई आपके जीवन के हर क्षेत्र में सुधार लाने में सहायता करते हैं। इनकी सहायता से निवास स्थान, व्यवसाय स्थल या ऑफिस इत्यादि भवनों का वास्तुदोष निवारण करने पर चमत्कारिक, सुखद परिवर्तन देखने को मिलते हैं। इसी कारण पूर्व का सदियों पुराना यह विज्ञान आज पश्चिम में भी दिन प्रतिदिन अत्यंत लोकप्रिय होता जा रहा है।

वास्तु में सूर्य का महत्त्व

संपूर्ण ब्रह्मांड का आधार सूर्य है जिसकी ऊर्जा पूरे ब्रह्मांड को जीवन प्रदान करती है। सूर्य की ऊर्जा से ही पृथ्वी पर जीवन है। इस कारण वास्तुशास्त्र में पूर्व व उत्तर की दिशाओं को अत्यधिक महत्त्व दिया जाता है क्योंकि सूर्य से मिलने वाली सकारात्मक ऊर्जा का मुख्य द्वार पूर्व दिशा ही है। किसी भी घर या भवन में सूर्य की ऊर्जा का आगमन ईशान कोण से ही होता हैं। जहां सूर्य की ऊर्जा के साथ अंतरिक्ष की ऊर्जा भी भवन में प्रवेश करती हैं। यह दोनों ऊर्जाएं मिलकर भवन के अंदर एक विशेष ऊर्जा क्षेत्र बनाती हैं जो भवन के निवासियों को सकारात्मक परिणाम देती हैं।

प्राचीन काल में ही मानव इस बात से अच्छी तरह परिचित हो चुका था कि, सूर्य ही जीवनप्रदायक और जीवन–पोषक शक्ति है। सृष्टि के प्रारंभ से ही विभिन्न कालों में विश्व की विभिन्न सभ्यताओं में सूर्य की उपासना यह सिद्ध करती है कि सूर्य का महत्त्व अक्षुण्ण है।

विज्ञान ने भी यह प्रमाणित किया है कि, प्रातःकालीन सूर्य की किरणों में हमारे शरीर के लिए अनेक लाभदायक पदार्थ निहित होते हैं। जब यह सूर्य की किरणें त्वचा पर पड़ती हैं तो हमारे शरीर के लिए आवश्यक विटामिन 'डी' सीधे रक्त द्वारा सोख लिया जाता है। हमें नंगी आंखों से सूर्य की किरणें सफेद दिखाई देती हैं पर उसके अंदर बैंगनी, नीला, श्याम, नारंगी, हरा, लाल और पीला सात रंग होते हैं। यह रंग भी हमारे स्वास्थ्य पर विशेष प्रभाव डालते हैं। रंग एवं प्राकृतिक चिकित्सा पद्धति में सूर्य की किरणों का बहुत उपयोग होता है। इन किरणों की कांति अनेक प्रकार के कीटाणुओं को नष्ट करती हैं।

सूर्योदय के समय की किरणें जो कि अधिक रोशनी और कम गर्माहट वाली होने के कारण सर्वोत्तम होती हैं। इसी कारण वास्तुशास्त्र में पूर्व की ओर अधिक खुला स्थान एवं दरवाजे, खिड़कियां रखने की सलाह दी जाती है ताकि प्रातःकालीन सूर्य की किरणें घर व आंगन में अधिक से अधिक मात्रा में प्रवेश कर सकें। जो हानिकारक बैक्टीरिया और कीटाणुओं को नष्ट कर उस स्थान को शुद्ध करे ताकि, वहां निवास करने वाले स्वस्थ जीवन बिता सकें। उत्तम स्वास्थ्य ही सबसे बड़ी दौलत है।

वास्तुशास्त्र एवं फेंग शुई के उपाय व उनकी सीमा

भारतीय वास्तुशास्त्र में किसी भी भवन के वास्तुदोष निवारण के लिए कई सटीक उपाय हैं और वह पूर्णतः प्रभावशाली भी हैं। पर ज्यादातर उपाय तोड़–फोड़ वाले हैं, अर्थात् जड़ से ही समस्या को हल कर पूर्णतः राहत देने वाले। जैसे ईशान कोण में टॉयलेट का होना अशुभ माना जाता है, तो टॉयलेट को वहां से तोड़कर दूसरी जगह बनाना जरूरी हो जाता है। यदि कुआं, बोरिंग या भूमिगत जल संग्रहण उत्तर पूर्व या ईशान कोण के अलावा कहीं ओर है, तो उसे वहां से पूरी तरह से बंद कर इन दिशाओं पर स्थापित करना पड़ता है।

चीनी वास्तुशास्त्र फेंग शुई का एक सिद्धांत है, कि जहां समस्या है वहां उसका समाधान भी है। फेंग शुई में वास्तुदोष निवारण के लिए कुछ बाहरी व कुछ आंतरिक उपाय हैं, जो **छोटे–छोटे** वास्तुदोष निवारण में सहयोग देते हैं। वास्तु दोष निवारण में फेंग शुई से संबंधित विभिन्न उपयोगी वस्तुएं इस प्रकार हैं –

प्रकाश तथा प्रकाश परावर्तित करने वाली वस्तुएं, सजीव वस्तुएं, सुखद ध्वनियां, गतिशील वस्तुएं, यांत्रिक वस्तुएं, जल, पौधे, रंग इत्यादि।

पिरामिड और वास्तु

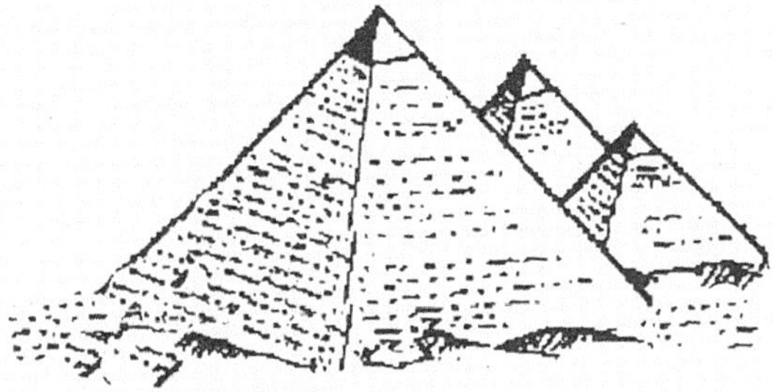

विश्व के सात आश्चर्यों में से एक मिस्र की नाइल नदी के किनारे बनी चार हजार वर्ष पुरानी फाराओं की समाधियां पिरामिड कहलाती हैं। **जिनका निर्माण आकाश में उत्तर दिशा की ओर स्थित ध्रुवतारे की सीध में वास्तु सिद्धांतों के अनुरूप हुआ है।** निश्चित रूप से पिरामिड आकृति वास्तु और औषधीय विशेषता का अद्वितीय उदाहरण हैं।

मिस्र के पिरामिड से प्रभावित होकर विभिन्न देशों में पिरामिड के प्रयोग किए गए और पाया गया कि पिरामिड के अंदर रखने से मृत शरीर के सड़ जाने पर जो दुर्गंध फैलनी थी वैसी दुर्गंध नहीं फैली। कई वर्षों तक मिस्र के पिरामिडों की खोज करने वाले वैज्ञानिक, इंजीनियर फ्रेंच खोजी मि. बोविस भी यह देखकर हैरान हुए कि, पिरामिड में जब भी कोई चूहा, बिल्ली या प्राणी मर जाता है तो सड़ता नहीं है, उसमें से दुर्गंध भी नहीं आती है। वह ममी फाइड हो जाता है अर्थात् सूख जाता है, सड़ता नहीं है। यह सब कैसे होता है इस बात का उन्हें ऊपरी तौर पर कोई कारण नहीं दिख रहा था, पर बहुत खोजबीन के बाद उनके मन में ख्याल आया कि शायद पिरामिड की जो आकृति है वही कुछ कर रही है। तब उन्होंने तीन–चार फीट का छोटा–सा पिरामिड का एक मॉडल तैयार किया और उसमें मरी हुई बिल्ली रख दी। मि. बोविस यह देखकर चकित हुए कि, वह बिल्ली ममी फाइड हो गयी पर सड़ी नहीं। इसी प्रकार एक दो दिन में खराब होने वाली साग सब्जी लगभग एक सप्ताह तक पिरामिड में ताजी रही। दूध तीन चार दिन तक खराब नहीं हुआ। पिरामिड के

नीचे रखा कचरा बिना बदबू फैलाए सूख गया। तब एक नए विज्ञान का जन्म हुआ जो यह कहता है कि यामिट्री की जो आकृतियां हैं उनका जीवन ऊर्जाओं से बहुत गहरा संबंध है। अब मि. बोविस की सलाह पर यह कोशिश की जा रही है कि सारी दुनिया के अस्पताल पिरामिड की शक्ल में बनाए जाएं, उनमें मरीज जल्दी स्वस्थ होगा। इस पर कई प्रयोग भी किए गए हैं जैसे – शरीर पर हुए घाव या जले हुए भाग को पिरामिड के अंदर लाने से घाव जल्दी ही ठीक हो जाता है, दांतों का दर्द, जोड़ों का दर्द, सिर दर्द आदि में पिरामिड का प्रयोग करने से जल्दी राहत मिलती है।

ग्रीक भाषा में पायर (Pyre) का अर्थ है आग और मिड (Mid) का अर्थ है मध्य। अतः पिरामिड का अर्थ हुआ वह वस्तु जिसके मध्य में आग अर्थात् ऊर्जा हो। यह वह ऊर्जा होती है जो कि शीघ्र नष्ट हो जाने वाली वस्तुओं को विकारों से सुरक्षित रखती है। पूरे विश्व में सदियों से मंदिर, मस्जिद, चर्च, गुरुद्वारे, बौद्ध मठ इत्यादि धर्मस्थलों के ऊपरी हिस्से एक विशेष गुम्बदनुमा आकृति लिए होते हैं जो कि पिरामिड का ही एक रूप है। इन गुम्बदों के नीचे बैठने से हमें ऊर्जा से भरपूर शुद्ध वायु मिलती है जिससे हमें शांति का अनुभव होता है। मन प्रफुल्लित होता है। मानसिक एकाग्रता बढ़ती है। इसका कारण यह है कि यहां पर पिरामिड आकृति के कारण एक विशेष ऊर्जा उस गुंबद के मध्य में प्रवाहित होती रहती है। कुल मिलाकर यह कहा जा सकता है कि पिरामिड आकृति शक्ति संचय का श्रेष्ठ उपकरण है। ध्यान व चिकित्सा क्षेत्र में पिरामिड का प्रयोग निश्चित रूप से लाभदायक है परन्तु **वास्तुदोष निवारण में इस ऊर्जा का कोई लाभ नहीं है।**

मिश्र देश जहां से विश्व को पिरामिड का ज्ञान मिला वहां पर भी इसका उपयोग मात्र शवों को सुरक्षित रखने के लिए किया गया। चीन में भी जहां से पुरी दूनिया को फेंग शुई. का ज्ञान मिला वहां भी पिरामिड का प्रयोग वास्तुदोष निवारण में नहीं किया जाता है।

नोट : वास्तुदोष निवारण में पिरामिड के दुरुपयोग पर विस्तृत जानकारी के लिये इस पुस्तक के लेखक द्वारा लिखित पुस्तक "उत्तम स्वास्थ्य के लिये वास्तु एवं फेंग शुई" पढ़ें।

श्रीयंत्र और वास्तु

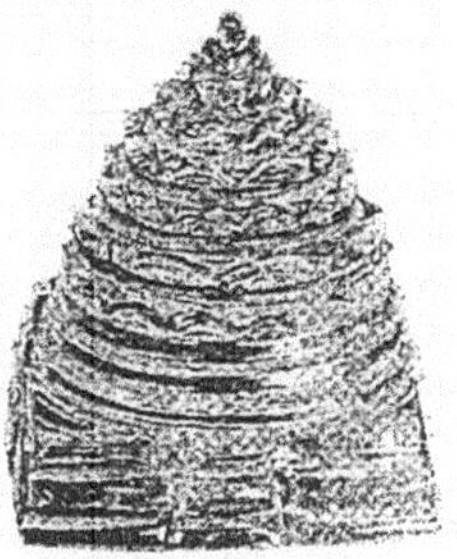

श्रीयंत्र चाहे सिद्ध किया हो या सिद्ध न किया हो, तो भी धार्मिक आस्था में उसका एक महत्वपूर्ण स्थान है। यह श्रीयंत्र स्फटिक के हो या अन्य धातु का, पर वास्तुशास्त्र के अनुसार वास्तुदोष निवारण में इनकी कोई भूमिका नहीं है। ठीक इसके विपरीत वास्तुदोष निवारण में स्फटिक के गोले अपनी महत्वपूर्ण भूमिका निभाते हैं। कहने का आशय यह है कि श्रीयंत्र की धार्मिक आस्था भरी महिमा अपनी जगह है और स्फटिक के गोले की कर्म चेतना अपनी जगह। चीनी वास्तुशास्त्र फेंग शुई में स्फटिक या क्रिस्टल के गोले का प्रयोग ऊर्जा वृद्धि के लिए किया जाता है। यह गोला एक प्रिज्म की तरह कार्य करता है, जो प्रकाश फैलाता है, जिसका वैज्ञानिक आधार है। इनका उपयोग खिड़की के सामने लगाकर अधिक मात्रा में प्राकृतिक रोशनी को आकर्षित करने के लिए किया जाता है। इन गोलों में विभिन्न कट लगे होने से वह स्थान जहां प्राकृतिक रोशनी का अभाव रहता है, उस स्थान के प्रकाश में वृद्धि कर अधिक ऊर्जावान बनाता है। ऐसे स्थान पर स्फटिक या क्रिस्टल के गोलों का उपयोग अत्यंत लाभदायक रहता है।

नोट : वास्तुदोष निवारण में श्रीयंत्र के दुरुपयोग पर विस्तृत जानकारी के लिये इस पुस्तक के लेखक द्वारा लिखित पुस्तक ''सुख–समृद्धि एवं प्रसिद्धि के लिये वास्तु एवं फेंग शुई'' पढ़ें।

वास्तुशास्त्र एवं फेंग शुई में दिशा निर्धारण

भारतीय वास्तुशास्त्र में दिशा का निर्धारण करने के लिए चुंबकीय कंपास की जरूरत पड़ती है। किसी भवन का वास्तु विन्यास करते समय भवन के मध्य में चुंबकीय कंपास रखकर दिशा का निर्धारण किया जाता है। इस दिशा निर्धारण के आधार पर ही वास्तुदोषों को दूर किया जा सकता है।

चीनी वास्तुशास्त्र फेंग शुई में दो पद्धतियों का प्रयोग होता है। एक कम्पास पद्धति, जिसमें चाइनीज कंपास लियोपान (Luo pan) का प्रयोग किया जाता है। जिसमें किसी भी व्यक्ति की जन्म तिथि के आधार पर उस व्यक्ति के लिए शुभ–अशुभ दिशाओं का निर्धारण किया जाता है। चमत्कारी वर्ग पर आधारित दूसरी पद्धति पा–कुआ (PA-KUA) होती है, जिसमें हर वास्तु को आठ भागों में बांटा जाता है, जो भवन के मुख्य द्वार या कमरे के द्वार पर आधारित होती है। **इस पद्धति में जहां द्वार होता है, वह हमेशा उत्तर दिशा मानी जाती है। इस पा–कुआ (PA-KUA) पद्धति में किसी भी**

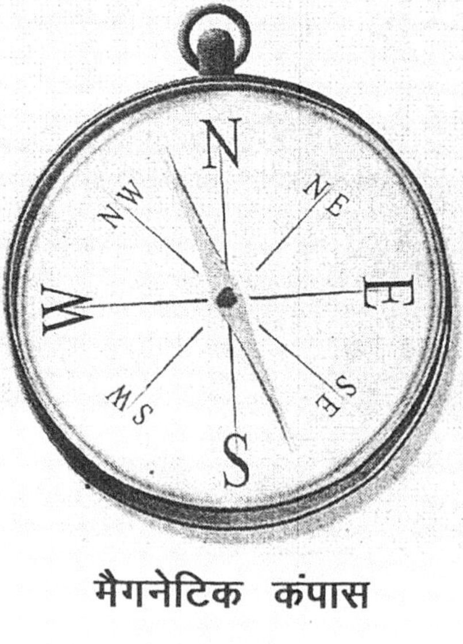

मैगनेटिक कंपास

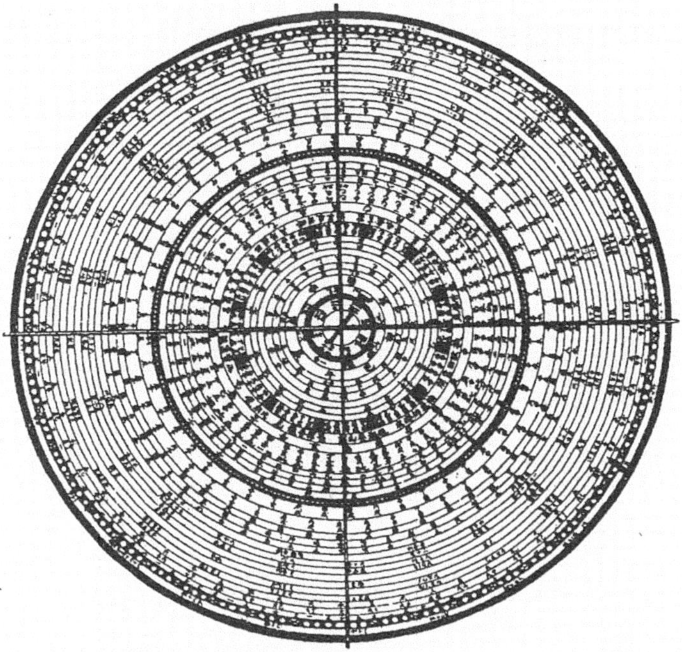

चाइनीज कंपास लियोपान Luo pan

प्रकार के कंपास का उपयोग नहीं होता है। बहुत–सी सामान्य समस्याओं में इस पद्धति के उपायों का प्रयोग कर सरलता से लाभ प्राप्त किया जा सकता है। इसी कारण आजकल भारत में यही पद्धति लोकप्रिय हो रही है।

आठ दिशाओं को प्रभावित करने वाले नौ ग्रह

भारतीय वास्तुशास्त्र के अनुसार किसी भी प्लॉट या भवन की आठों दिशाओं को हमारे सौर मंडल में उपस्थित नौ ग्रह प्रभावित करते हैं। प्रत्येक ग्रह किसी एक दिशा का प्रतिनिधित्व करता है जो इस प्रकार हैं–

दिशा	**ग्रह**	**दिशा**	**ग्रह**
पूर्व	सूर्य	आग्नेय	शुक्र
दक्षिण	मंगल	नैऋत्य	राहु
पश्चिम	शनि	वायव्य	चंद्र
उत्तर	बुध	ईशान	गुरु/केतु

वास्तुशास्त्र के अनुसार दिशाएं व कोणं

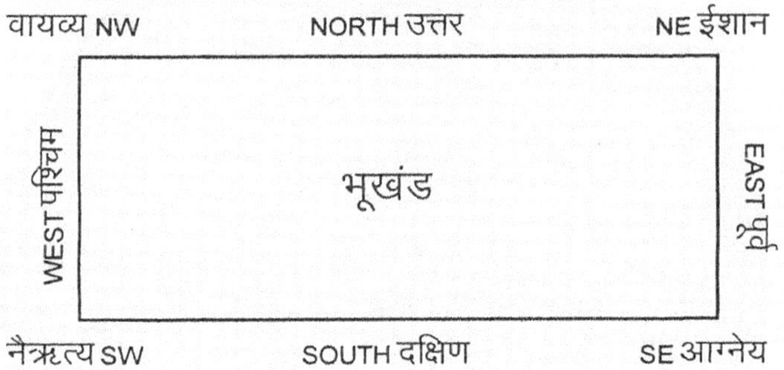

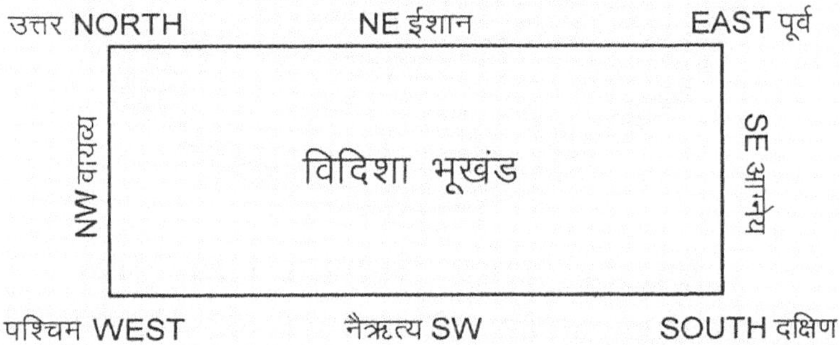

जिस भूखंड में दिशाएं मध्य में न होकर कोने में होती हैं ऐसा भूखंड विदिशा भूखंड कहलाता है।

चार दिशाएं

पूर्व	EAST	सूर्योदय की दिशा
पश्चिम	WEST	सूर्यास्त की दिशा
उत्तर	NORTH	उत्तरी ध्रुव की दिशा
दक्षिण	SOUTH	दक्षिणी ध्रुव की दिशा

चार कोण

ईशान	NORTH-EAST	पूर्व एवं उत्तर मध्य की दिशा
आग्नेय	SOUTH-EAST	दक्षिण एवं पूर्व मध्य की दिशा
नैऋत्य	SOUTH-WEST	दक्षिण एवं पश्चिम मध्य की दिशा
वायव्य	NORTH-WEST	उत्तर एवं पश्चिम मध्य की दिशा

प्लॉट का विभाजन

प्लॉट का वास्तु अनुसार आठ भागों में विभाजन

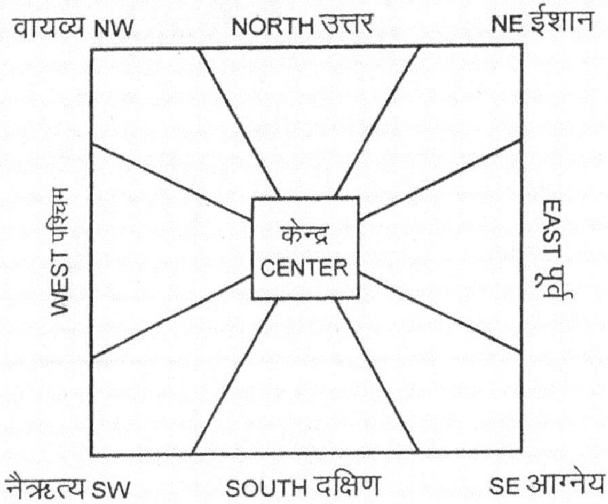

विदिशा प्लॉट का वास्तु अनुसार आठ भागों में विभाजन

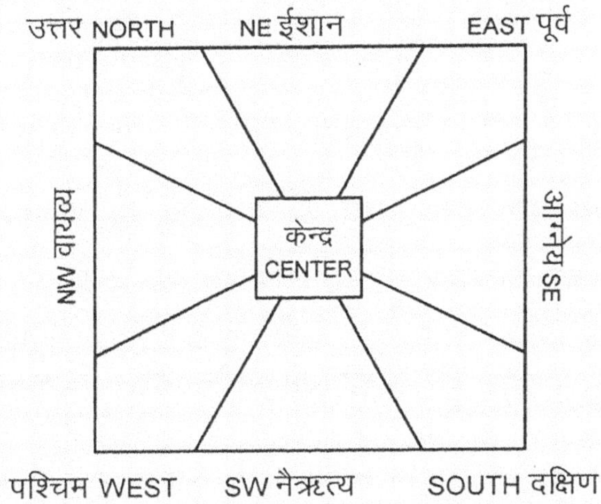

वास्तुशास्त्र में केंद्र को ब्रह्म स्थान कहा जाता है।

फेंग शुई के अनुसार वास्तु का आठ भागों में विभाजन

आग्नेय SE SOUTH दक्षिण SW नैऋत्य

	समृद्धि	प्रसिद्धि	विवाह	
EAST पूर्व	परिवार	पृथ्वी	संतान	WEST पश्चिम
	ज्ञान व शिक्षा	कैरियर	सहायक मित्र	

ईशान NE NORTH उत्तर NW वायव्य

मुख्य द्वार इस दिशा में कहीं भी हो सकता है।

फेंग शुई की चमत्कारिक वर्ग पर आधारित पा–कुआ (PA-KUA) पद्धति के अनुसार किसी भूखंड/भवन/कमरे का आठ भागों में विभाजन किया जाता है। **जिसमें मुख्य द्वार की दिशा को सदैव उत्तर दिशा माना जाता है।**

उद्योग – वास्तु एवं फेंग शुई

आप भारत के किसी भी औद्योगिक क्षेत्र में जाएं तो पाएंगे, कि लगभग 75 प्रतिशत औद्योगिक इकाइयां बंद पड़ी हैं। जिनमें से लगभग 10-15 प्रतिशत बिल्डिंग बनने व मशीनें लगने के बाद भी चालू नहीं हो पाई हैं। जो 25 प्रतिशत चल रही हैं उनमें से भी लगभग आधी नुकसान में ही चल रही हैं।

मुझे देश व विदेश में कई बीमार या बंद पड़ी औद्योगिक इकाइयों का वास्तु विन्यास करने का मौका मिला है। बंद पड़े सभी कारखानों में महत्वपूर्ण वास्तु दोष पाए गए। जिस उद्योगपति ने अपने कारखाने में वास्तुदोष का निवारण किया उन्हें काफी अच्छे परिणाम मिले हैं।

यदि कोई औद्योगिक इकाई **(फैक्टरी)** वास्तुशास्त्र के नियमों के अनुसार बनाई जाए, बंद या बीमार इकाई को सुधारा जाए, तो निश्चित ही काफी सफलता मिलती है। उसके मालिक व कर्मचारी खूब तरक्की करते हैं।

फैक्टरी के लिए भूखंड

फैक्टरी का भूखंड समकोण, आयताकार (1:2) साइज में ही हो। किसी भी परिस्थिति में भूखंड अनियमित आकार का नहीं होना चाहिए। नैऋत्य कोण 90^0 के होने चाहिए। फैक्टरी की कंपाउंड वॉल और बिल्डिंग भी समकोण या आयताकार ही होनी चाहिए।

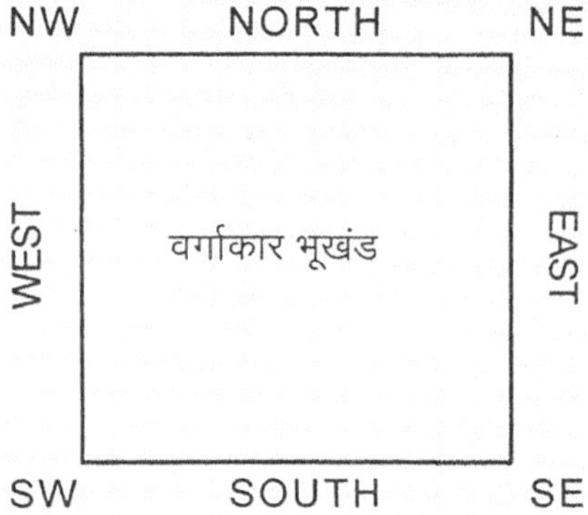

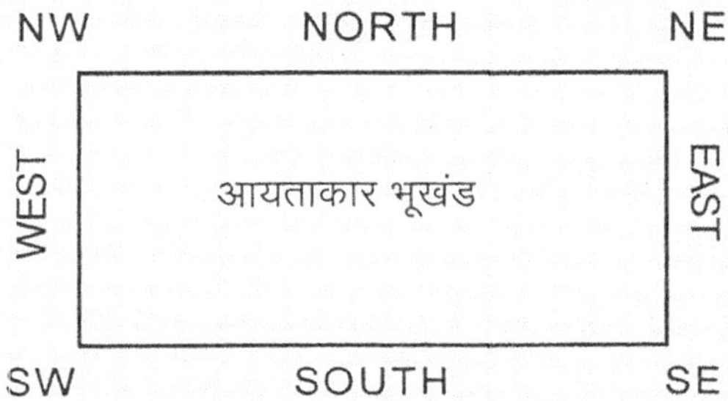

❑ फैक्टरी ऐसी जगह बनाएं या खरीदें, जिसके उत्तर–पूर्व में गहरे गड्ढे, तालाब, नदी इत्यादि और दक्षिण व पश्चिम में ऊंचे–ऊंचे टीले व पहाड़ियां हों। ऐसी फैक्टरी आपके लिए वरदान सिद्ध होगी।

❑ फैक्टरी कभी ऐसी जगह न बनाएं या खरीदें, जहां उत्तर–पूर्व में ऊंचे–ऊंचे भवन, पर्वत, चट्टान या विशाल वृक्ष जैसे पीपल, वट वृक्ष इत्यादि हों और दक्षिण, पश्चिम में गहरे गड्ढे, तालाब, नदी इत्यादि हो। ऐसी फैक्टरी विभिन्न प्रकार की परेशानियों व आर्थिक नुकसान के कारण एक दिन बंद हो जाती है।

❑ ऐसे स्थान या उसके आसपास के भूखंड पर कभी भी फैक्टरी न लगाएं जहां दूर तक फैलने वाली जड़ों वाले विशाल वृक्ष हों, जैसे–पीपल, बरगद, आम, इमली इत्यादि। विशाल वृक्षों की जड़ों के कारण फैक्टरी का भवन क्षतिग्रस्त हो सकता है।

❑ ऐसे स्थान के आसपास के भूखंड पर फैक्टरी नहीं लगानी चाहिए, जहां कोई बड़ा नाला, विशेष कर गंदा नाला बहता हो। ऐसे नालों से हमेशा दुर्गंध आने के कारण वहां काम करना मुश्किल होता है। साथ ही वहां कार्यरत कर्मचारियों को स्वास्थ्य संबंधी चिंताजनक समस्याओं का सामना करना पड़ता है।

❑ ऐसे भूखंड पर फैक्टरी की स्थापना नहीं करनी चाहिए जहां ऊपर से हाईटेंशन बिजली की तारें निकलती हों। इनसे निकलने वाली इलेक्ट्रो मैगनेटिक तरंगें जो कि काफी खतरनाक होती हैं वहां रहने वालो के स्वास्थ्य को प्रभावित करती हैं। किसी बिजली के अधिक दबाव वाले ट्रांसफार्मर के पास के भूखंड पर भी उद्योग नहीं लगाना चाहिए।

❑ फैक्टरी की कंपाउंड वॉल एवं बिल्डिंग की ईशान दिशा किसी भी प्रकार से दबी, कटी या गोल नहीं होनी चाहिए इससे बहुत नुकसान होता है और यहां तक कि एक दिन फैक्टरी बंद हो जाती है। इन दिशा में बढ़ा हुआ भूखंड बहुत शुभ होता है।

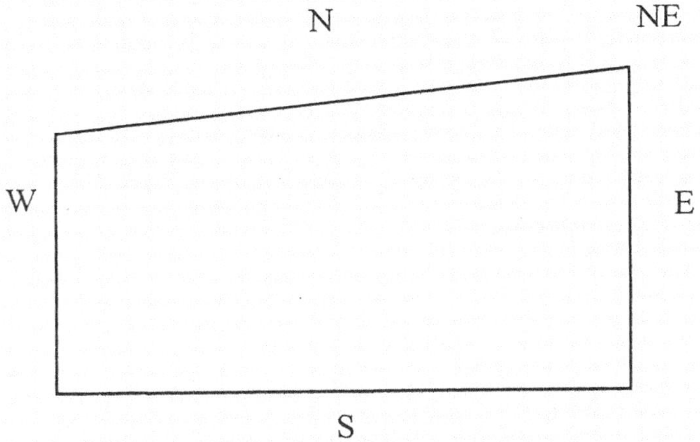

उत्तर ईशान दिशा में बढ़ा हुआ शुभ भूखंड

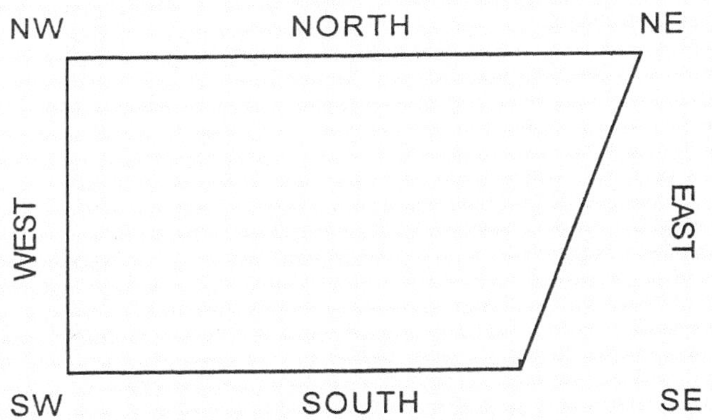

पूर्व ईशान दिशा में बढ़ा हुआ शुभ भूखंड

फैक्टरी के लिए गौ मुखी/शेर मुखी भूखंड

वास्तु के अनुसार बहुत से भूखंड शुभ या अशुभ हो सकते हैं। भारत में जन सामान्य की मान्यता है, कि गौ मुखी भूखंड घर के लिए, और शेर मुखी दुकान, फैक्टरी इत्यादि के लिए, बहुत शुभ होता है। पर सच्चाई यह है, कि केवल ईशान कोण बढ़ने से यदि किसी भूखंड का आकार गौ मुखी या शेर मुखी हो जाता है, तो वह अत्यंत शुभ होता है। इसके अलावा किसी और दिशा में भूखंड का बढ़ना अशुभ ही होता है।

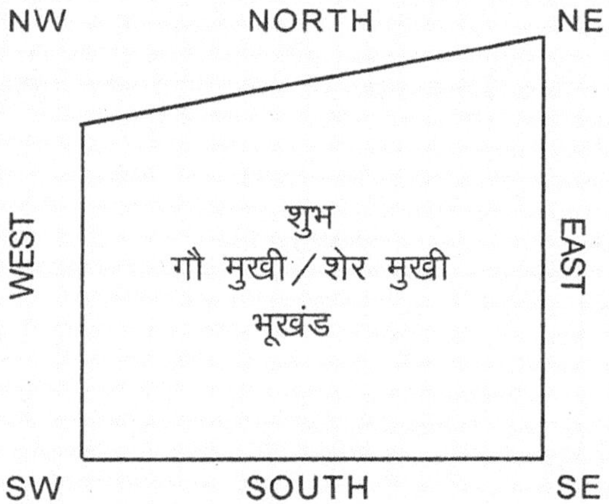

उत्तर ईशान दिशा में बढ़ा हुआ शुभ गौ मुखी/शेर मुखी भूखंड। ऐसे भूखंड पर बनी फैक्टरी के मालिक को समृद्धि एवं प्रसिद्धि की प्राप्ति होती है।

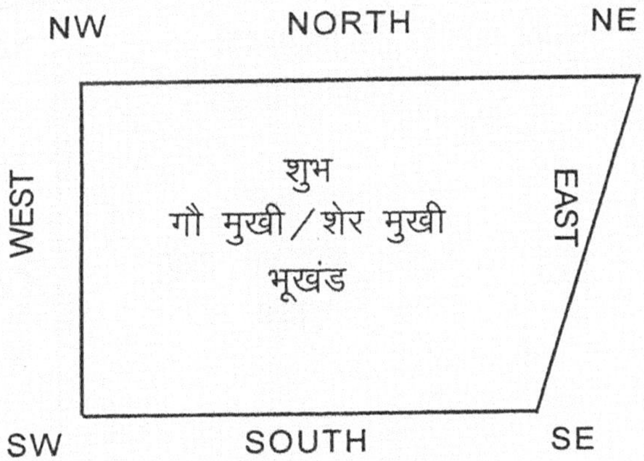

पूर्व ईशान दिशा में बढ़ा हुआ शुभ गौ मुखी/शेर मुखी भूखंड। ऐसे भूखंड पर बनी फैक्टरी के मालिक को सुख एवं समृद्धि की प्राप्ति होती है।

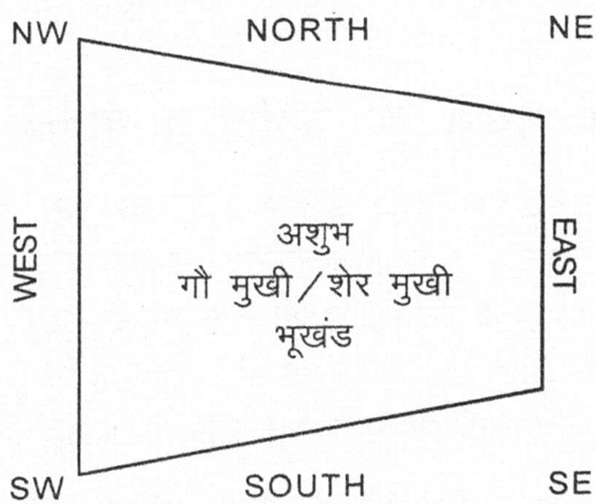

ऐसे भूखंड पर बनी फैक्टरी के मालिक को जीवन में हर प्रकार की कठिनाइयों का सामना करना पड़ता है। यह भूखंड का सबसे खराब आकार होता है।

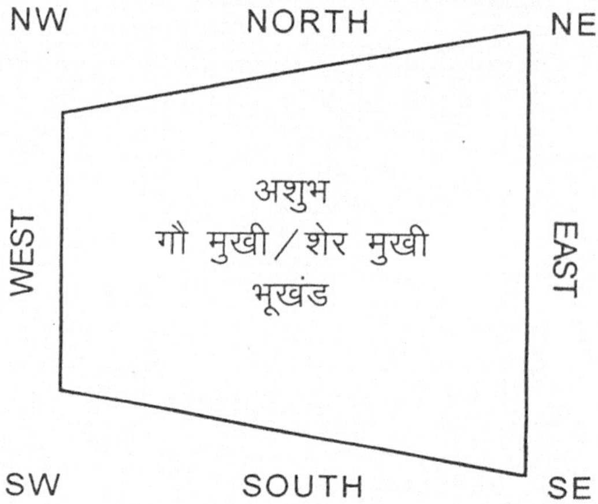

ऐसे गौ मुखी/शेर मुखी भूखंड पर बनी फैक्टरी के मालिक के पैसे की खूब बर्बादी होती है।

जब कोई भूखंड एक दिशा में छोटा होकर गौ मुखी हो जाता है, तो दूसरी दिशा में बढ़कर शेर मुखी हो जाता है।

फैक्टरी के भूखंड की ऊंचाई व नीचाई का प्रभाव

फैक्टरी के भूखंड का उत्तर, ईशान व पूर्व का भाग, दक्षिण, नैऋत्य व पश्चिम भाग की तुलना में नीचा होना चाहिए। फैक्टरी के भूखंड का उत्तर, पूर्व, ईशान दिशा ऊंची होने से कई प्रकार की समस्याएं पैदा होती हैं जिसके कारण ऐसा उद्योग एक दिन बंद हो जाता है। विभिन्न दिशाओं में भूखंड के ऊंचे-नीचे होने के निम्नलिखित परिणाम दृष्टिगोचर होते हैं-

भूखंड के अष्ट दिशाओं में ऊंचा नीचा होने का प्रभाव

दिशा	नीचा	ऊंचा
ईशान	सुख-समृद्धि, प्रसिद्धि व बच्चों की तरक्की।	हर प्रकार का कष्ट, बीमारी, दरिद्रता, संतान को कष्ट।

दिशा	नीचा	ऊंचा
पूर्व	लंबी आयु, सुख–समृद्धि व प्रसिद्धि।	संतान का विनाश।
आग्नेय	नैऋत्य से नीची हो तो शुभ। यदि वायव्य और ईशान से भी नीची हो तो अग्नि का भय, शत्रु से डर और क्रूर प्रकृति।	नैऋत्य से ऊंची होने पर अशुभ वायव्य व ईशान से ऊंची होने पर धन लाभ।
दक्षिण	बीमारी और आर्थिक कष्ट।	आर्थिक तरक्की व स्वास्थ्य लाभ।
नैऋत्य	लंबी बीमारियां, बुरी आदतें व अकाल मृत्यु।	लंबी आयु, सुख समृद्धि व प्रसिद्धि।
पश्चिम	संतान को कष्ट, बीमारियां।	संतान की तरक्की व प्रसिद्धि में वृद्धि।
वायव्य	ईशान की तुलना में नीची हो, तो विवाद, बीमारी व आर्थिक कष्ट इत्यादि। नैऋत्य व आग्नेय से नीची हो तो लाभदायक।	ईशान से ऊंची हो, तो विवाद में, विजय, आर्थिक लाभ। नैऋत्य व आग्नेय से ऊंची हो, तो हानिकारक।
उत्तर	सुख–समृद्धि व प्रसिद्धि।	सभी प्रकार के कष्ट।

वास्तु अनुरूप भूखंड की ऊंचाई व नीचाई

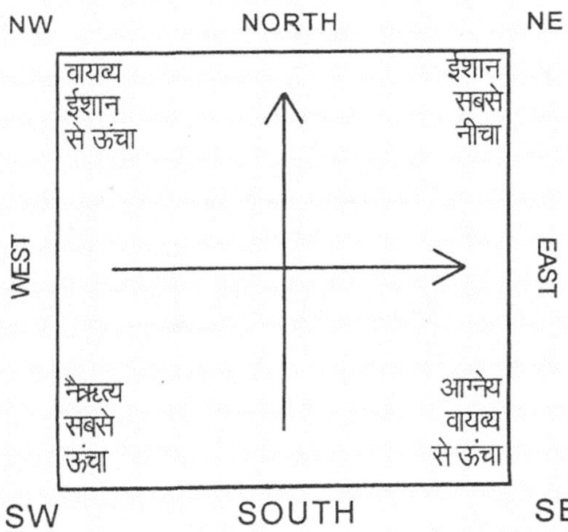

फैक्टरी के भवन का निर्माण

❑ फैक्टरी के भूखंड पर आयताकार या वर्गाकार आकार में ही भवन निर्माण करना चाहिए। साथ ही कोशिश करनी चाहिए कि अंदर बने हॉल, कमरे आदि भी चार कोण वाले हों। इस प्रकार वास्तु अनुरूप बनी फैक्ट्री को सफलतापूर्वक संचालित किया जा सकता है।

❑ फैक्टरी की बिल्डिंग का निर्माण करते समय बिल्डिंग भूखंड के उत्तर, ईशान व पूर्व दिशा में ज्यादा जगह छोड़कर दक्षिण, नैऋत्य व पश्चिम दिशाओं की ओर बनानी चाहिए।

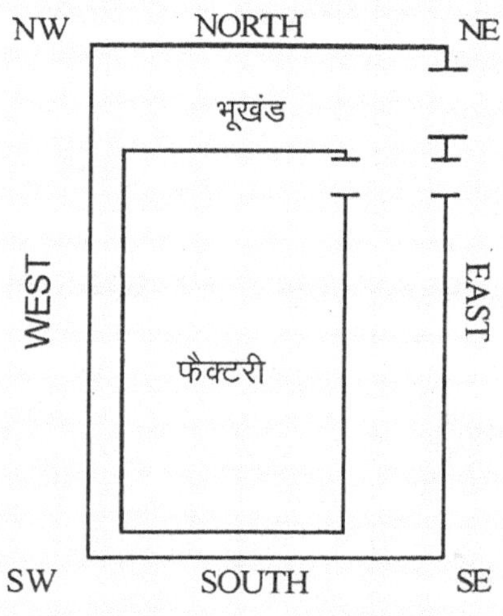

भूखंड पर फैक्टरी के भवन की आदर्श स्थिति

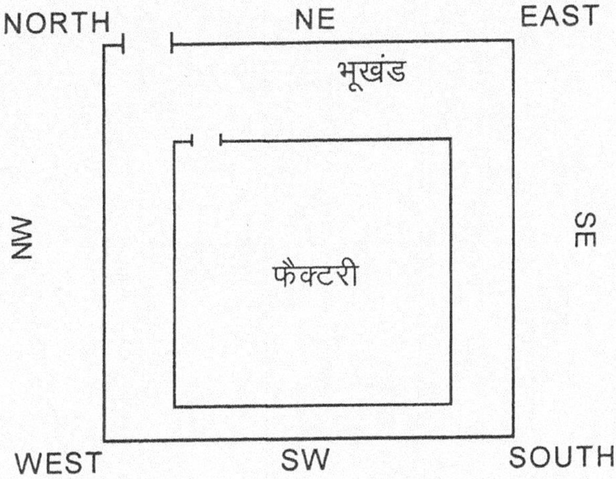

विदिशा भूखंड पर फैक्टरी के भवन की आदर्श स्थिति

❑ बिल्डिंग की ऊंचाई चारों दिशाओं में समान हो सकती है। यदि एक से अधिक ऊंचाई बनानी हो, तो उत्तर पूर्व की अपेक्षा दक्षिण, पश्चिम में अधिक ऊंचाई होनी चाहिए। ज्यादातर फैक्टरी में छत का झुकाव दो तरफा होता है, जैसे आधी छत पूर्व व आधी पश्चिम की ओर झुकी हुई या आधी उत्तर या आधी दक्षिण में झुकी होने से इसके अशुभ परिणाम मिलते हैं।

❑ फैक्टरी की चहारदीवारी का मुख्य द्वार एवं बिल्डिंग का मुख्य द्वार पूर्व मुखी व दक्षिण मुखी, भवन में बाएं तरफ, और पश्चिम व उत्तर मुखी भवन में दाएं तरफ होना शुभ होता है। अतः फैक्टरी में अंदर आने जाने का रास्ता जहां

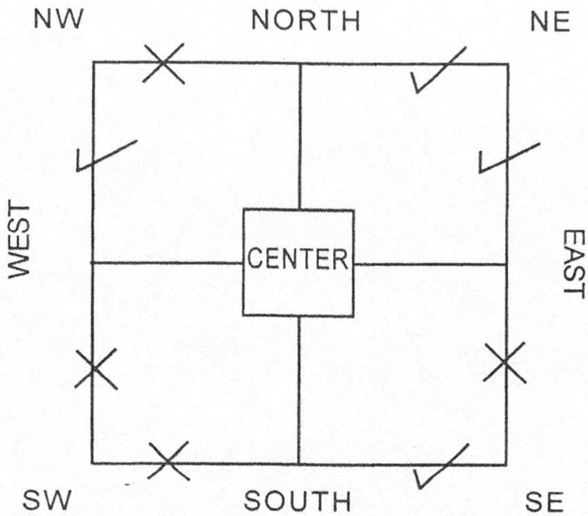

वास्तु अनुरूप द्वार का स्थान

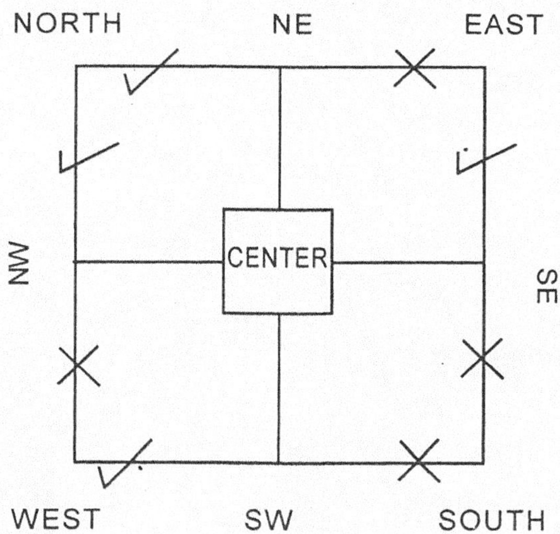

विदिशा भूखंड पर वास्तु अनुरूप द्वार का स्थान

चित्र में राइट के निशान लगे हैं के अनुसार रखना चाहिए। जहां क्रॉस के निशान हैं उस जगह पर प्रवेश द्वार रखने से फैक्टरी चलाने में विभिन्न प्रकार की परेशानियां आती हैं।

❑ फैक्टरी के मुख्य द्वार के सामने कोई बाधा होती है, तो उसे द्वार वेध कहा जाता है। जैसे बिजली का खंभा, स्तम्भ, वृक्ष, खुली नाली या सामने के भवन का धारदार कोना इत्यादि। यह अशुभ स्थिति होती है। लेकिन यह बाधाएं उस फैक्टरी की द्विगुणित ऊंचाई से अधिक दूरी पर हो तो यह दोष नहीं होता है। यदि फैक्टरी और बाधा के मध्य सार्वजनिक सड़क हो तो यह दोष खत्म हो जाता है। फैक्टरी के दाएं–बाएं व पीछे ऐसी बाधा हो तो यह दोष नहीं होता है।

वीथीशुला

जब कोई सार्वजनिक मार्ग किसी फैक्टरी में भूखंड के सामने से सीधा प्रवेश करे या आकर रुक जाए वह वीथीशुला (मार्ग प्रहार) कहलाता है। कुछ वीथीशुलाएं शुभ और कुछ वीथीशुलाएं अशुभ होती हैं।

शुभ वीथीशुला स्थिति वाले भवन में फैक्टरी चलाने वाले सुखी जीवन व्यतीत करते हैं।

शुभ वीथीशुलाएं

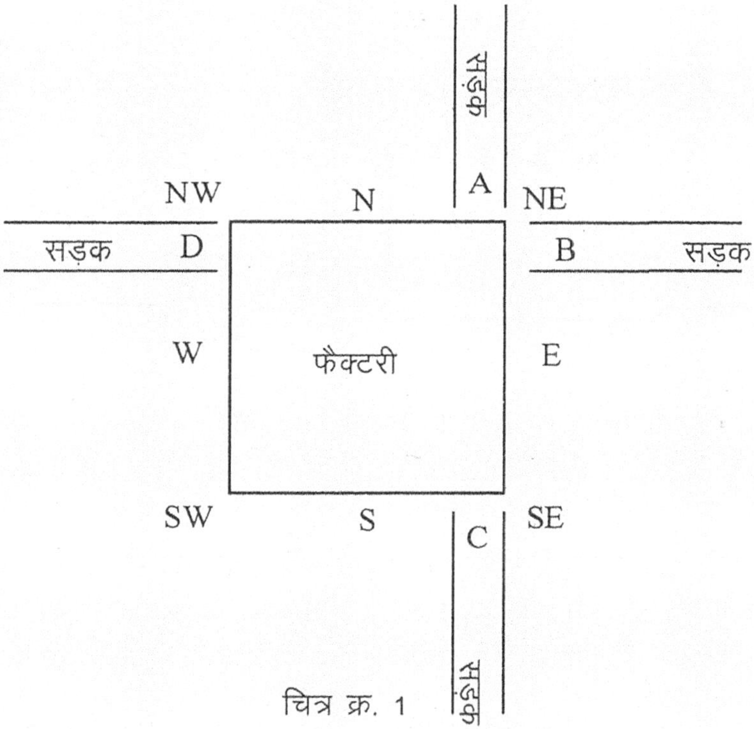

चित्र क्र. 1

चित्र क्रमांक 1 में चार शुभ वीथीशुलाएं दर्शायी गई हैं।

A–उत्तर ईशान NE उत्तर दिशा की ओर से वीथीशुला का प्रवेश करना।

B–पूर्व ईशान NE पूर्व दिशा की ओर से वीथीशुला का प्रवेश करना।

C–दक्षिण आग्नेय SE दक्षिण दिशा की ओर से वीथीशुला का प्रवेश करना।

D–पश्चिम वायव्य NW पश्चिम दिशा की ओर से वीथीशुला का प्रवेश करना।

❑ अशुभ वीथीशुला स्थिति वाले भूखंड पर बने फैक्टरी के मालिक का एवं कर्मचारियों का जीवन बड़ा दुःखमय बीतता है। उन्हें जीवन में काफी परेशानियों का सामना करना पड़ता है।

अशुभ वीथीशुलाएं

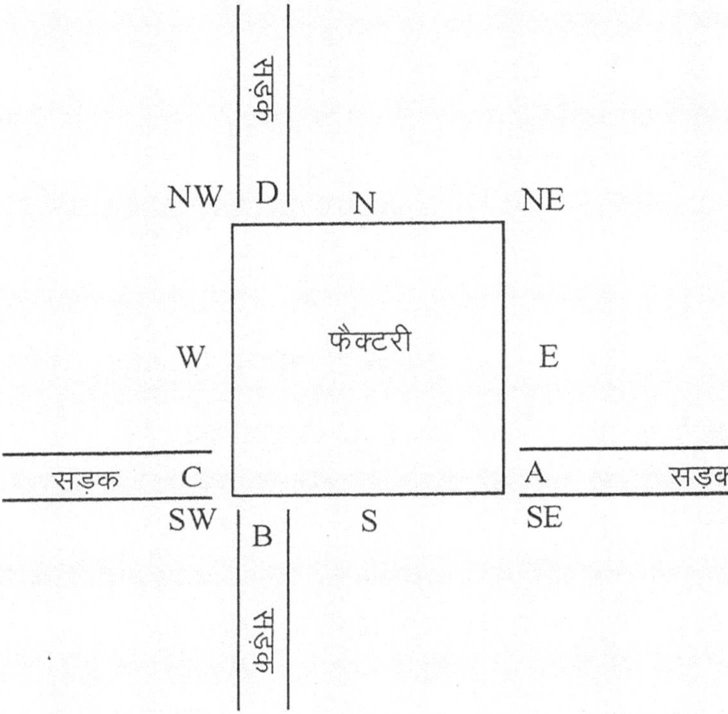

चित्र क्रं 2

चित्र क्रमांक 2 में चार अशुभ वीथीशुलाएं दर्शायी गई हैं।

A–पूर्व आग्नेय SE पूर्व दिशा की ओर से वीथीशुला का प्रवेश करना।

B–दक्षिण नैऋत्य SW दक्षिण दिशा की ओर से वीथीशुला का प्रवेश करना।

C–पश्चिम नैऋत्य SW पश्चिम दिशा की ओर से वीथीशुला का प्रवेश करना।

D–उत्तर पश्चिम NW उत्तर दिशा की ओर से वीथीशुला का प्रवेश करना।

फैक्टरी और सड़क

❑ जिस फैक्टरी की चारों दिशाओं में चार समांतर रास्ते होते हैं, वह अत्यंत शुभ होते हैं। ऐसी फैक्टरी में कार्य करने वाले व्यक्ति की हर तरह से उन्नति होती है और उसे स्वास्थ्य, संपन्नता, प्रसिद्धि तथा ऐश्वर्य की प्राप्ति होती है।

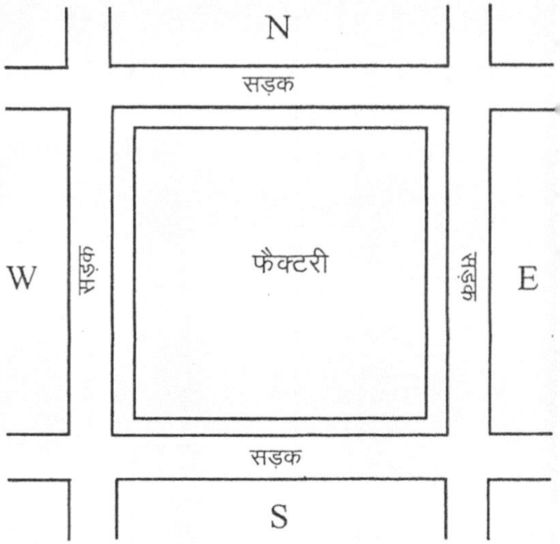

फैक्टरी भवन के चारों तरफ सड़क

❑ फैक्टरी के तीन तरफ सड़कें होना भी शुभ होता है।

❑ उत्तर पूर्व दिशा की ओर सड़क का होना स्वास्थ्य एवं समृद्धि के लिए शुभ होता है।

❑ स्त्रियों के काम आने वाली वस्तुओं का निर्माण करने वाली फैक्टरी के लिए दक्षिण व पूर्व दिशा में सड़क होना लाभप्रद होता है।

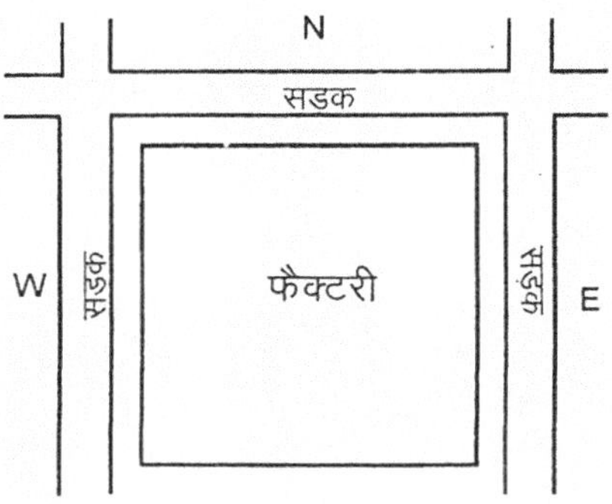

तीन ओर सड़कों वाली फैक्टरी उत्तम होती है।

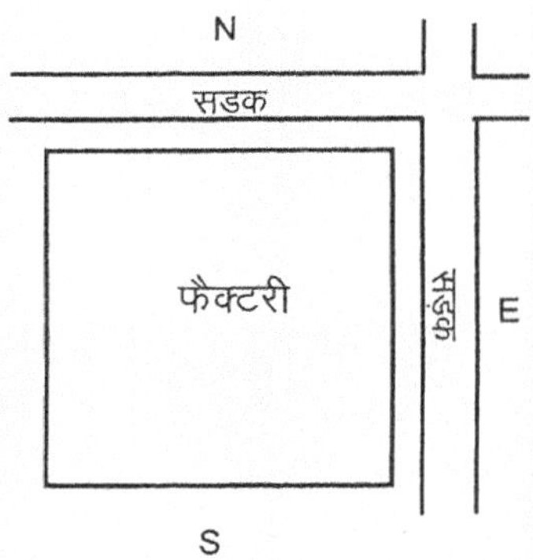

स्वास्थ्य व समृद्धि के लिए शुभ फैक्टरी

- व्यापारियों के लिए व्यावसायिक स्थल दक्षिण व पश्चिम दिशा में सड़क का होना ज्यादा लाभदायक रहता है।
- भवन की उत्तर व पश्चिम दिशा में सड़क समृद्धि व प्रतिष्ठा प्रदान करती है।

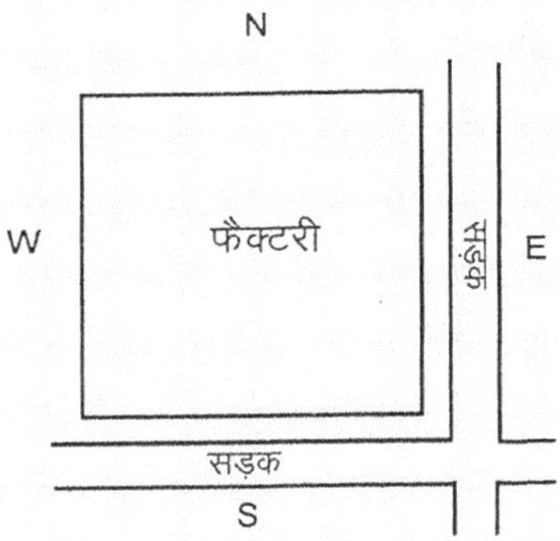

स्त्रियों के काम आनेवाली वस्तुओं के निर्माण के लिए लाभदायक फैक्टरी

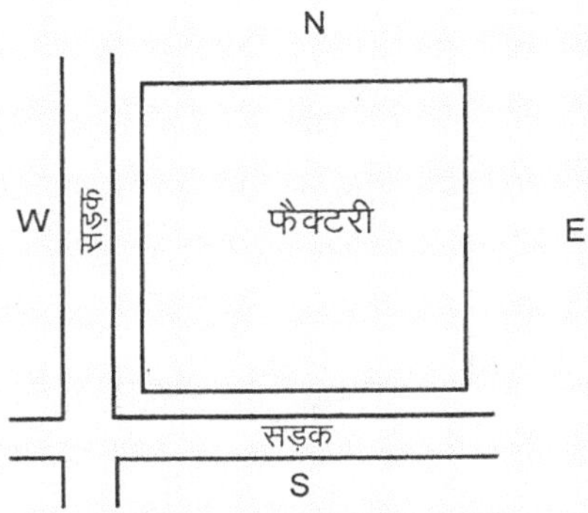

व्यापारियों के लिए लाभदायक फैक्टरी

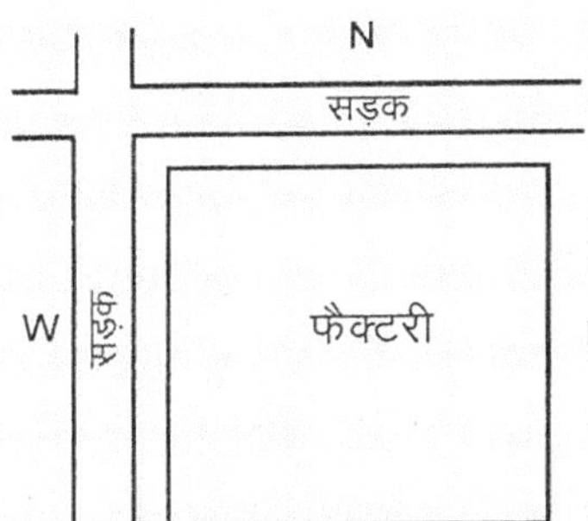

समृद्धि व प्रतिष्ठा के लिए शुभ फैक्टरी

चौराहे पर स्थित फैक्टरी

❑ औद्योगिक क्षेत्र में जहां चार रास्ते मिलते हैं ऐसे चौराहों पर फैक्टरी के भूखंड ज्यादातर कटे हुए या गोल होते हैं। यदि भूखंड के आग्नेय, नैऋत्य या वायव्य कोण कटे या गोल हों तो कोई परेशानी की बात नहीं है पर यदि भूखंड का ईशान कोण कटा या गोल हो तो काफी अशुभ होता है।

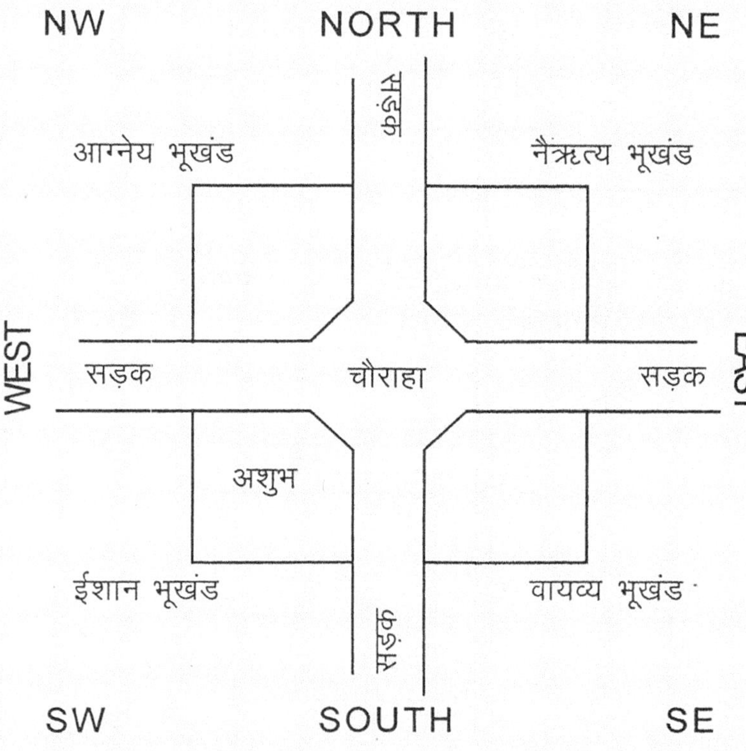

चौराहे पर स्थित तीन शुभ व एक अशुभ भूखंड

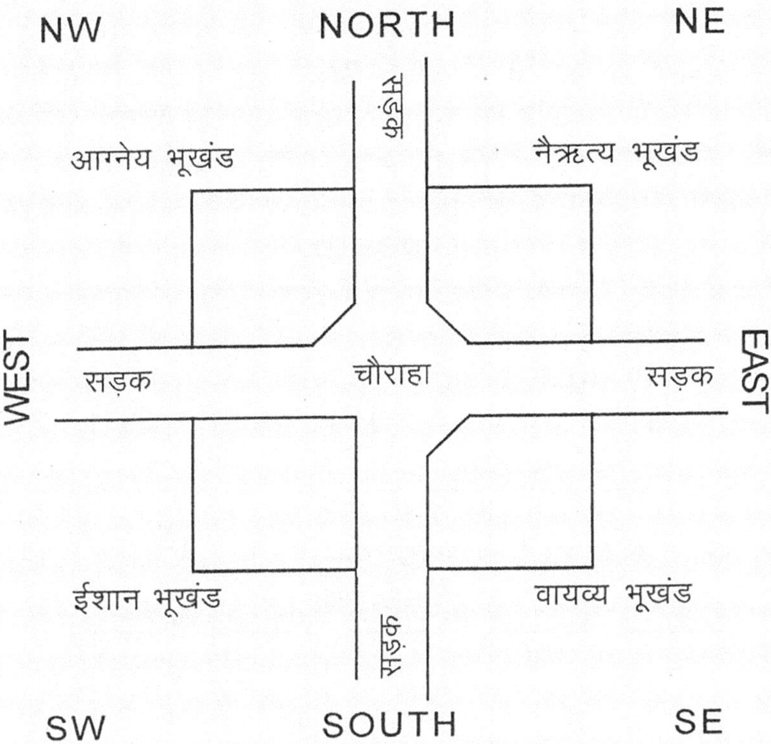

चौराहे पर स्थित चारों शुभ भूखंड

औद्योगिक क्षेत्र में फैक्टरी

❑ शहरों में औद्योगिक क्षेत्र में फैक्टरी के भूखंडों में ज्यादातर दो भूखंडों के मुख्य द्वार पास–पास होते हैं। इसमें से एक भूखंड पर वास्तु अनुरूप फैक्टरी बनायी जा सकती है। जहां फैक्टरी सुचारु रूप से चलती है और तरक्की करती है जबकि दूसरे भूखंड पर वास्तु अनुरूप फैक्टरी नहीं बनाई जा सकती, और कहीं–कहीं दोनों भूखंड ही वास्तु अनुकूल नहीं होते हैं। इस कारण ऐसी फैक्टरियां हमेशा घाटे में चलती हैं और बंद हो जाती हैं।

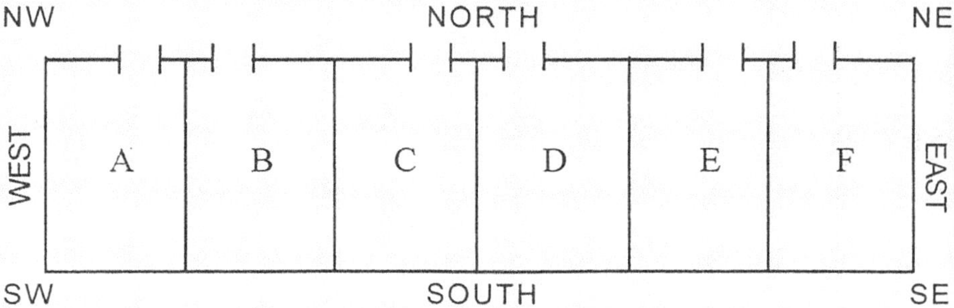

इस पंक्ति में A, C और E वास्तुअनुकूल व B, D और F वास्तु विपरीत भूखंड हैं।

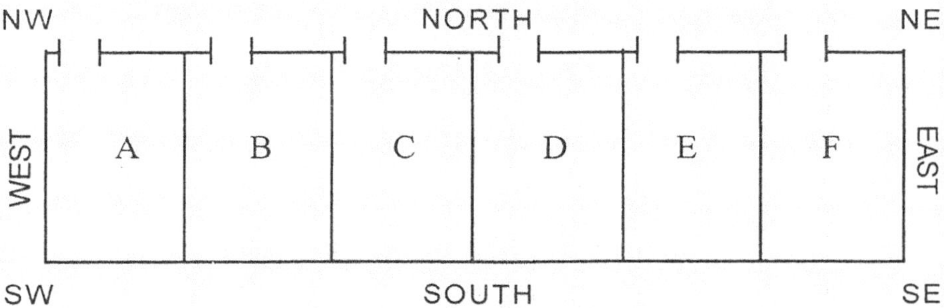

इस पंक्ति में सभी भूखंड वास्तु विपरीत हैं।

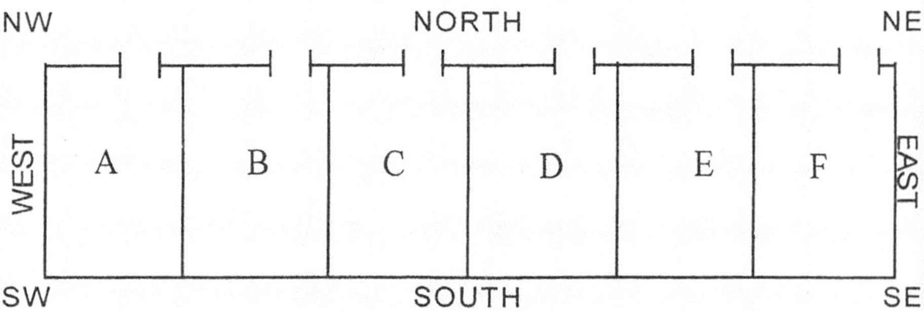

इस पंक्ति में सभी भूखंड वास्तु अनुकूल हैं।

विभिन्न स्थानों पर फैक्टरी

❑ कई फैक्टरियों में बेसमेंट बनाए जाते हैं। देखने में आता है कि 95 प्रतिशत बेसमेंट वास्तु विपरीत ही बने होते हैं, जो बहुत अशुभ परिणाम देते हैं। वास्तु अनुरूप बेसमेंट बनाने में कई बातों का ध्यान रखना पड़ता है। अतः फैक्टरी में बेसमेंट बनाने या उपयोग में लाने से पहले किसी विद्वान वास्तुशास्त्री का सलाह ले लेनी चाहिए। वास्तु विपरीत बेसमेंट का उपयोग करने वालो पर भयंकर आर्थिक संकट आते हैं, जिससे फैक्टरी को ताले लगाने पड़ जाते हैं।

❑ फैक्टरी का निर्माण टी जंक्शन पर नहीं करना चाहिए। यह अत्यधिक अशुभ मार्ग वेध होता है। जिससे वहां फैक्टरी मालिक के साथ–साथ वहां कार्यरत श्रमिकों के जीवन में दुःखदायी हादसे पैदा होते हैं।

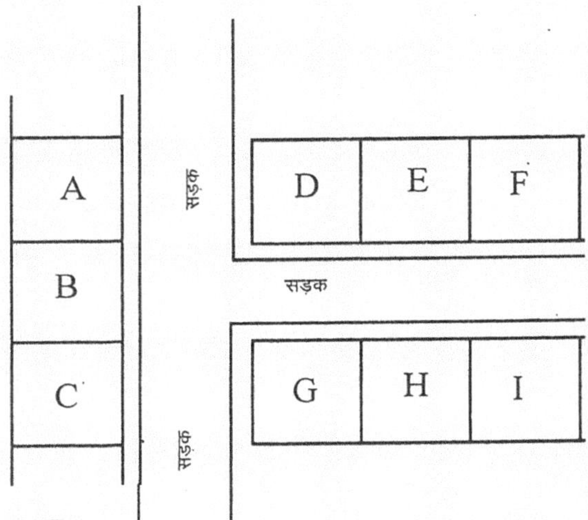

टी **T** जंक्शन पर स्थित अशुभ भूखंड **B** ।

❑ दो से अधिक रास्तों के सामने स्थित भूखंड पर कभी भी फैक्टरी का निर्माण नहीं करना चाहिए। चाहे वह वर्गाकार या आयताकार ही क्यों न हो, ऐसे भूखंड पर निर्मित फैक्टरी की उन्नति में बाधाएं आती रहती हैं।

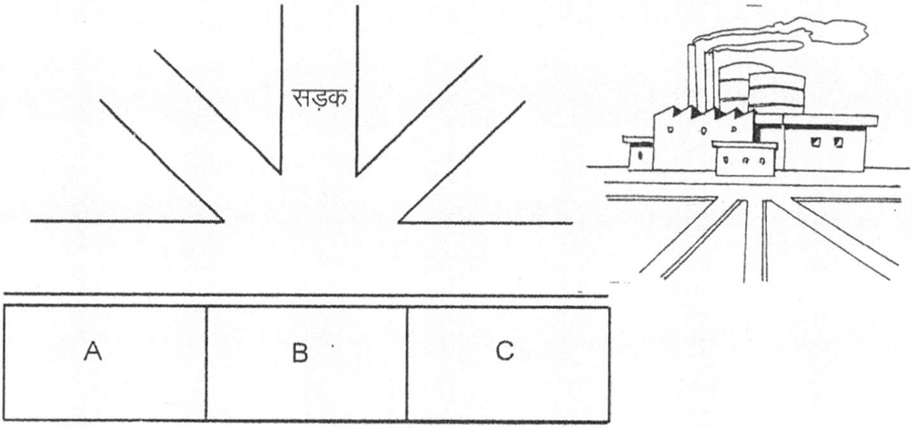

दो से अधिक रास्तों के सामने स्थित फैक्टरी B शुभ नहीं है।

❑ V संगम पर स्थित किसी भी आकार का भूखंड पर फैक्टरी का निर्माण नहीं करना चाहिए। ऐसे भूखंड पर बनी फैक्टरी में वहां कार्य करने वालों को स्वास्थ्य संबंधी कष्ट रहते हैं।

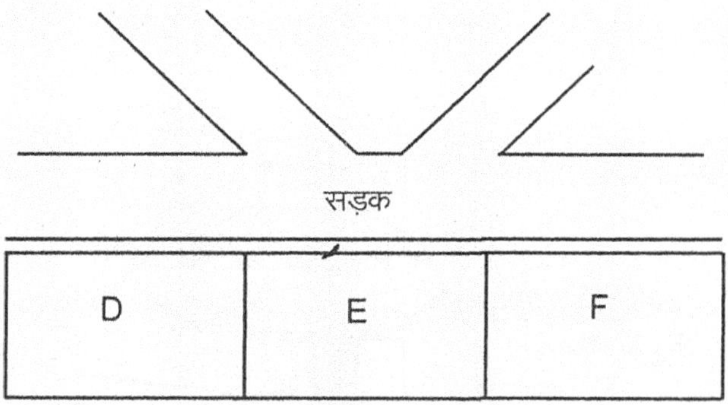

V संगम पर स्थित अशुभ फैक्टरी E।

❑ तीखे मोड़ पर स्थित भूखंड पर कभी भी फैक्टरी का निर्माण नहीं करना चाहिए। ऐसे भूखंड पर बनी फैक्टरी में कार्य करने वाले कभी उचित सफलता प्राप्त नहीं कर पाते हैं।

तीखे मोड़ पर स्थित फैक्टरी

❑ ऐसी जगह फैक्टरी का निर्माण करना बहुत अशुभ होता है। जहां आस–पास के फैक्टरियों के भवन की तुलना में आपकी फैक्टरी का स्थल बहुत छोटा या ऊंचा हो। ऐसी जगह बनी फैक्टरी में समस्याएं चलती रहती हैं।

❑ ऐसी फैक्टरी की बिल्डिंग जिसके सामने यदि कोई बहुत ऊंची बिल्डिंग हो; भवन या अन्य कोई निर्माण कार्य हो, वहां फैक्टरी चलाने का विचार तक न करें। यदि आपकी फैक्टरी के पीछे कोई बड़ी बिल्डिंग हो तो बहुत शुभ होता है।

❑ कभी भी सड़क के अंतिम छोर Dead End के दोनों तरफ़ के अंतिम भूखंड पर फैक्टरी का निर्माण नहीं करना चाहिए। Dead End पर ऊर्जा का

निकास नहीं हो पाता है, इस कारण ऐसी फैक्टरियां ठीक ढंग से न चलने के कारण एक दिन बंद हो जाती हैं।

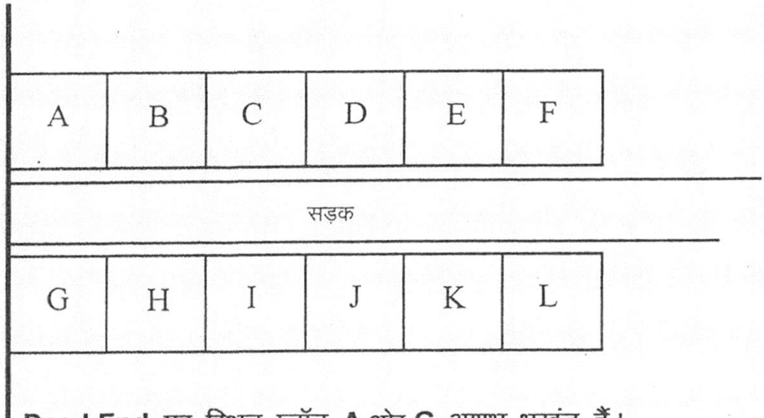

Dead End पर स्थित प्लॉट **A** ओर **G** अशुभ भूखंड हैं।

फैक्टरी की बनावट

❑ फैक्टरी का प्रवेश स्थान बड़ा होना चाहिए और वह किसी संकरे गलियारे मे नहीं खुलना चाहिए।

❑ फैक्टरी के भूखंड या बिल्डिग के मध्य में किसी भी प्रकार का गड्ढा होने से भयंकर आर्थिक संकट आते हैं। मध्य क्षेत्र में किसी भी प्रकार का निर्माण कार्य भी नहीं करना चाहिए।

❑ फैक्टरी में अंडर ग्राउंड पानी की टंकी, बोरिंग, कुआं इत्यादि उत्तर, ईशान या पूर्व दिशा में होना बहुत शुभ होता है इससे आर्थिक स्थिति अच्छी रहती है। उपरोक्त दिशाओं के अलावा अन्य किसी भी दिशा में यह हो तो बहुत अशुभ परिणाम देखने को मिलते हैं। फैक्टरी के भूखंड का ढाल एवं बिल्डिंग की छत का ढाल भी उत्तर, ईशान या पूर्व की ओर होना चाहिए।

❑ फैक्टरी में किसी भी प्रकार का अंडरग्राउंड टैंक जैसे डीजल, पेट्रोल, ऑयल, केमिकल आदि का टैंक केवल पूर्व दिशा में स्थापित करना चाहिए।

❑ जेनरेटर, विद्युत केंद्र, भट्टी, बॉयलर, विद्युत उपकरण इत्यादि की स्थापना आग्नेय कोण में ही करें। इसके अलावा अन्य दिशाओं में इनकी स्थापना करने से विभिन्न प्रकार की रुकावटें आती हैं और मानसिक अशांति बनी रहती है। यहां चौकीदार का कमरा भी बना सकते हैं।

❑ उत्पादन के लिए यदि एक से अधिक मशीनें हो तो दक्षिण, नैऋत्य एवं पश्चिम भाग में क्लॉक वाइज लगानी चाहिए। सबसे बड़ी एवं भारी मशीन नैऋत्य कोण में लगानी चाहिए। इससे मशीनें बिना रुकावट के अच्छी चलती हैं। ईशान कोण में मशीन लगाने से या तो चलती नहीं है या हमेशा खराब होती रहती हैं।

❑ फैक्टरी में कोई भी मशीन चाहे छोटी हो या बड़ी यदि उसकी बनावट ऐसी है कि उसे ग्राउंडफ्लोर से नीचे गड्ढे में लगाना जरूरी हो तो ऐसी मशीन सिर्फ पूर्व दिशा में लगानी चाहिए।

❑ दैनिक उत्पादन के लिए थोड़े कच्चे माल का स्टॉक पूर्व दिशा में रखना चाहिए। तैयार माल वायव्य कोण में रखना चाहिए। माल की डिलीवरी उत्तर दिशा में द्वार बनाकर करने से माल जल्दी बिकता है।

❑ ज्यादा मात्रा के कच्चे माल के भंडार, वेस्ट मेटेरियल, स्टोर रूम इत्यादि नैऋत्य कोण में होने चाहिए। किसी भी प्रकार का कच्चा, तैयार या वेस्ट मेटेरियल ईशान कोण में न रखें।

❑ उत्पादन का क्रम क्लॉक वाइज होना चाहिए। उत्पादन पूर्व से प्रारम्भ कर दक्षिण, नैऋत्य पश्चिम में तैयार होते हुए वायव्य में तैयार माल रखा जा सकता है।

❑ तौल मशीनें या कांटा वायव्य, मध्य उत्तर या मध्य पूर्व स्थापित कर सकते हैं।

❑ ओवरहैड पानी की टंकी वायव्य कोण या पश्चिम दिशा में बनाई जा सकती है। पर ईशान दिशा में ओवर हैड पानी की टंकी कभी नहीं बनानी चाहिए।

❑ यदि फैक्टरी एक से अधिक तल की बनानी हो, तो ऊपर जाने की सीढ़ियां दक्षिण या पश्चिम में क्लॉक वाइज बनानी चाहिए।

❑ हर प्रकार का सीवरेज, सैनेटरी लाइन, बरसात का पानी आदि फैक्टरी के उत्तर या पूर्व दिशा से बाहर निकलना चाहिए।

❑ मुख्य कार्यालय, अनुसंधान विभाग, प्रयोगशाला इत्यादि पश्चिम एवं पश्चिम वायव्य या उत्तर में बना सकते हैं।

❑ यदि किसी बड़े शेड के अंदर एक से अधिक फैक्ट्ररी कार्यरत हों, तो उनके मध्य पक्की दीवारें बनाकर वास्तु अनुरूप विभाजन करना चाहिए, अन्यथा उनमें से ज्यादातर फैक्ट्ररी नुकसान में रहती हैं।

❑ श्रमिकों के रहने की जगह की व्यवस्था वायव्य कोण में कर सकते हैं। श्रमिकों के लिए शौचालय की व्यवस्था मध्य उत्तर या मध्य पूर्व में कर सकते हैं। शौचालय किसी भी परिस्थिति में ईशान कोण में नहीं होना चाहिए।

❑ सभी प्रकार के हल्के वाहनों के लिए पार्किंग व्यवस्था उत्तर या पूर्व में, भारी वाहनों के लिए दक्षिण पश्चिम में कर सकते हैं।

❑ यदि आप फैक्टरी में हरियाली चाहते हैं, तो लॉन, बगीचा एवं छोटे पौधे उत्तर या पूर्व में रख सकते हैं। यहां छोटा सा पूजा घर भी बनाया जा सकता है। विशाल वृक्ष दक्षिण नैऋत्य या पश्चिम में लगाए जा सकते हैं।

❑ फैक्टरी में सकारात्मक ऊर्जा का प्रवाह सुगमता से हो सके, इसके लिए बिल्डिग इस प्रकार बनानी चाहिए जहां सुबह सूर्य का प्रकाश आता हो। क्रॉस वेंटीलेशन भी सुचारु रूप से होना चाहिए।

❑ फैक्टरी की साफ सफाई समय–समय पर करवाते रहना चाहिए। फैक्टरी में रखे अनावश्यक बेकार सामान, अव्यवस्थित रखा सामान, मकड़ी के जाले नकारात्मक ऊर्जा पैदा करते हैं। जिससे आर्थिक हानि होती है।

❑ फैक्टरी में किसी भी प्रकार की बंद पड़ी मशीनें नहीं होनी चाहिए। बंद पड़ी मशीनें फैक्टरी की तरक्की में रुकावटें पैदा करती हैं।

❑ भूखंड में जगह की कमी के कारण सफलतापूर्वक चल रहे कारखानों या फ्लैटों में खाली पड़ी जगह अधिकांश लोग घेर लेते हैं और कई बार उस पर नया निर्माण भी कर डालते हैं। इस कारण वास्तु में कई बड़े दोष पैदा हो जाते हैं। जिससे सफलतापूर्वक चल रही फैक्टरी में विभिन्न प्रकार की अड़चनें आने लगती हैं।

❑ फैक्टरी में कार्य क़र रहे श्रमिकों, ऑफिस स्टॉफ एवं कैश काउंटर के ऊपर किसी प्रकार का लटकता बीम या परछत्ती नहीं होनी चाहिए। इससे मानसिक तनाव बढ़ता है।

❑ फेंग शुई के अनुसार किसी भी फैक्टरी के मुख्य हॉल के अंदर प्रवेश द्वार के सामने वाली दीवार का मध्य भाग प्रसिद्धि का क्षेत्र होता है। इस स्थान का मूल तत्त्व अग्नि है जिसका रंग लाल होता है। इस स्थान पर जीरो वॉट का लाल रंग का बल्ब लगाएं जो हमेशा जलता रहे। यह आपकी फैक्टरी की प्रतिष्ठा, नाम और साख बढ़ाने का शानदार उपाय है। यदि आप अपना फोटो या बल्ब न लगा सकें तो कोई भी लाल रंग की तस्वीर लगा सकते हैं। नहीं तो लाल रंग के प्लास्टिक के फूल इस्तेमाल कर सकते हैं।

❑ फेंग शुई के अनुसार प्रसिद्धि के क्षेत्र में नीले रंग की कोई तस्वीर, रुके हुए पानी की कोई तस्वीर लगाने से या इस दीवार पर नीला रंग करने से फैक्टरी की प्रतिष्ठा धुल जाती है।

❑ फेंग शुई के अनुसार फैक्टरी के ऑफिस के अंदर प्रसिद्धि के क्षेत्र में आपकी फैक्टरी को प्राप्त पुरस्कार, ट्रॉफी, मोमेंटो, प्रमाण–पत्र इत्यादि वहां प्रदर्शित करने चाहिए।

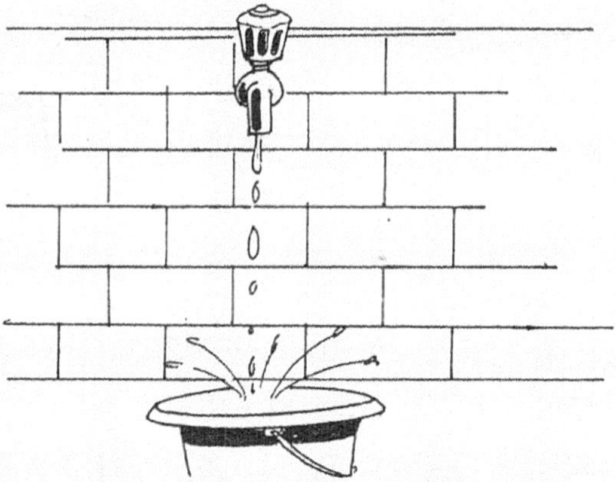

❑ वास्तु एवं फेंग शुई दोनों में जल को संपत्ति माना गया है, अतः फैक्टरी के टॉयलेट, बाथरूम या किसी भी जगह के नल टपकना अशुभ होता है, इससे धन पानी की तरह बह जाता है, अतः इनकी तुरंत मरम्मत करानी चाहिए।

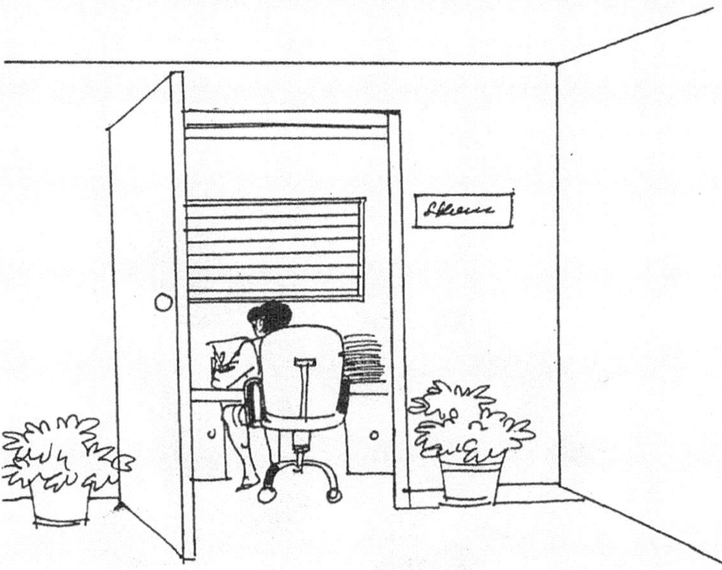

❑ फैक्टरी मालिक को एवं ऑफिस स्टॉफ को कभी भी प्रवेश द्वार की ओर पीठ करके नहीं बैठना चाहिए क्योंकि इस प्रकार बैठने से प्रायः विश्वासघात एवं धोखाधड़ी होने की संभावना रहती है।

❑ फैक्टरी में मालिक के बैठने के स्थान के पीछे दीवार पर पर्वत, भव्य इमारत आदि का चित्र या पोस्टर लगाने से आत्मविश्वास बढ़ता है, और यह बाहरी लोगों से ठोस सहयोग मिलने का प्रतीक भी है।

❑ फैक्टरी मालिक को फैक्टरी में इस प्रकार बैठना चाहिए कि उसका मुंह पूर्व या उत्तर दिशा की ओर हो। इस प्रकार बैठना काफी शुभ होता है जिससे व्यक्ति अपने सामने बैठे व्यक्ति को प्रभावित करता है।

❑ फेंग शुई के अनुसार फैक्टरी के मुख्य दरवाजे के सामने ऊपर नीचे जाती सीढ़ियां होना शुभ नहीं होता है। अतः ऐसी स्थिति में मुख्य द्वार के बाहर 5 रॉड की विंड चाइम्स लटकाकर सकारात्मक ऊर्जा में वृद्धि कर इस दोष को दूर किया जा सकता है।

❑ फेंग शुई के अनुसार फैक्टरी के मुख्य द्वार के सामने से ऊपर की ओर जाने वाली सीढ़ियां प्रारंभ होना अशुभ होता है। ऐसी स्थिति में मुख्य द्वार की चौखट के फ्लोर पर 2 इंच डोली उठानी चाहिए।

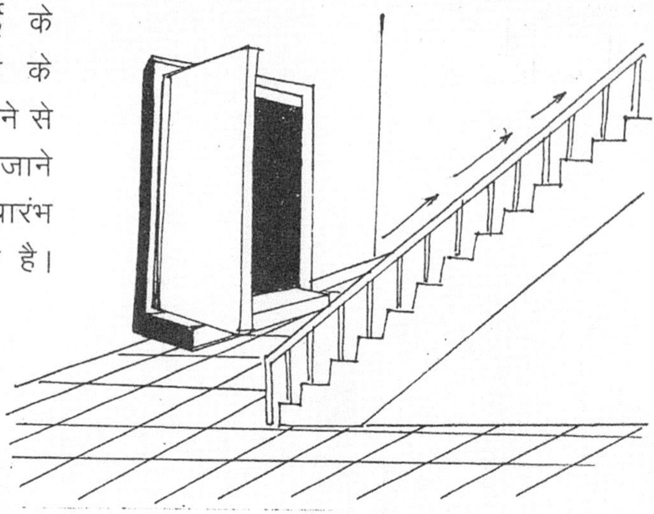

❑ फेंग शुई के अनुसार फैक्टरी के मुख्य द्वार के सामने नीचे से आने वाली सीढ़ियों का अंत होना अशुभ होता है। ऐसी स्थिति में मुख्य द्वार की चौखट पर Concave Mirror लगा पा–कुआ (PA-KUA) लगाने से यह दोष दूर हो जाता है।

❑ फैक्टरी के ऑफिस में नागफनी, सूखे फूल, जानवरों के सिर, खालें इत्यादि नकारात्मक ऊर्जा पैदा करते हैं। अतः यथोचित सफलता पाने के लिए इन्हें यहां से हटा दें।

❑ बोनसाई के पौधे फैक्टरी कार्यालय में कभी भी नहीं रखने चाहिए, चाहे यह देखने में सुंदर लगें, पर यह फैक्टरी के विकास में बाधा के प्रतीक हैं।

❑ फैक्टरी के ऑफिस में ताजे फूल रखने से सुख, सौभाग्य एवं प्रसिद्धि में वृद्धि होती है। बासी या मुर्झाए हुए फूल नकारात्मक ऊर्जा पैदा करते हैं, अतः उन्हें वहां से सूखते ही हटा देना चाहिए। आपके पास हरे-भरे पौधे नहीं हों तो आर्टिफीशल (बनावटी) पौधे भी रखे जा सकते हैं। इनका लाभ यह है, कि इन्हें कम से कम देखभाल की आवश्यकता होती है। कभी भी सफाई होने पर यह तरोताजा दिखाई देते हैं।

❑ फैक्टरी के विकास के लिए प्रवेश द्वार के दाएं-बाएं सुंदर फूलों के गमले रखने चाहिए। इससे फैक्टरी में प्रवेश करने वाली ऊर्जा और अधिक सकारात्मक बनती है। ध्यान रहे, यह पौधे चौड़ी पत्तियों वाले ही हों, कांटेदार या नुकीली पत्तियों वाले पौधे नहीं होने चाहिए।

❑ फेंग शुई में दर्पण का बहुत महत्त्व है। चीन में अष्ट कोणीय आकार को बहुत पवित्र माना जाता है। आठ कोणों वाला पा–कुआ मिरर जिसके मध्य में छोटा दर्पण लगा रहता है। छोटा दर्पण ऊर्जा को केंद्रित रख अधिक शक्तिशाली हो जाता है। पा–कुआ मिरर फैक्टरी के मुख्य द्वार के अंदर या बाहर लगाने से, सामने से आकर प्रभावित करने वाली अशुभ ऊर्जा को (विषैले तीर) वापस लौटा देता है।

❑ यदि आपको फैक्टरी के कारण अपयश का सामना करना पड़ रहा है, या यथोचित प्रसिद्धि नहीं पा रहे हैं, तो मुख्य द्वार के बाहर अधिक प्रकाश देने वाला बल्ब लगाएं जो 24 घंटे चालू रहे।

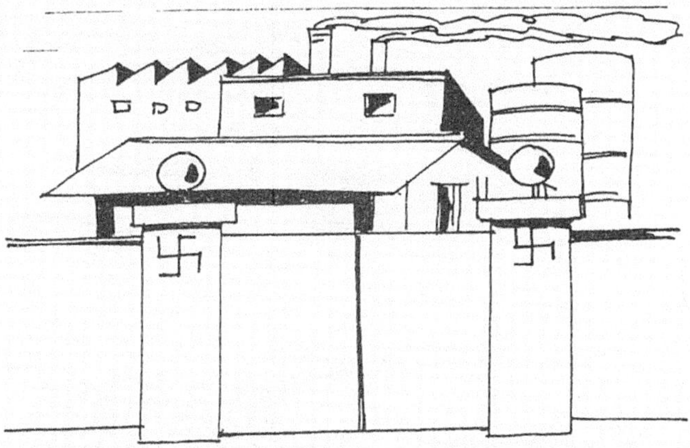

❑ अपनी आस्था के अनुसार, मुख्य द्वार के बाहर मांगलिक प्रतीकों को प्रदर्शित करना चाहिए जैसे स्वास्तिक, ऊँ, त्रिशूल, क्रॉस इत्यादि। इससे सौभाग्य, समृद्धि व प्रसिद्धि में वृद्धि होती है।

❑ फैक्टरी का मुख्य द्वार क्लॉक वाइज बिना आवाज़ के पूरी तरह खुलना चाहिए ताकि अधिक मात्रा में सकारात्मक ऊर्जा फैक्टरी में प्रवेश कर सके।

❑ यदि फैक्टरी के मुख्य द्वार के सामने बगीचा हो तो ध्यान रहे, कि सहारा लेकर ऊपर चढ़ने वाली बेलें मुख्य द्वार के आसपास न लगाएं। इस प्रकार चढ़ने वाली बेलें फैक्टरी में कई कठिनाइयां पैदा करती हैं।

❑ फैक्टरी के मुख्य द्वार के सामने साइकिल, स्कूटर, या कार इत्यादि रखकर रुकावट पैदा न करें। यह आपके जीवन में मिलने वाले सुखद अवसरों में रुकावट पैदा करते हैं।

❑ फैक्टरी के मुख्य द्वार पर व उसके आसपास समुचित साफ सफाई होनी चाहिए, ताकि सकारात्मक ऊर्जा को फैक्टरी में प्रवेश करने में किसी प्रकार की रुकावट पैदा न हो।

❑ फैक्टरी में सकारात्मक ऊर्जा को आमंत्रित करने के लिए मुख्य द्वार की साज–सज्जा जैसे कलर, पॉलिश इत्यादि हमेशा ठीक रखनी चाहिए। टूटा, खराब, गंदा, जंग लगा हुआ मुख्य द्वार नकारात्मक ऊर्जा पैदा करता है, जो आपकी फैक्टरी के लिए घातक होता है।

❑ फैक्टरी के मुख्य द्वार के दोनों ओर खिड़कियां होना दोषपूर्ण होता है। ऐसा माना जाता है कि इन खिड़कियों के माध्यम से भाग्य हवा के साथ बाहर बह जाता है। यदि ऐसी स्थिति हो तो खिड़कियों पर गोल पत्तियों वाले पौधे गमले में रखने या लटकाने चाहिए।

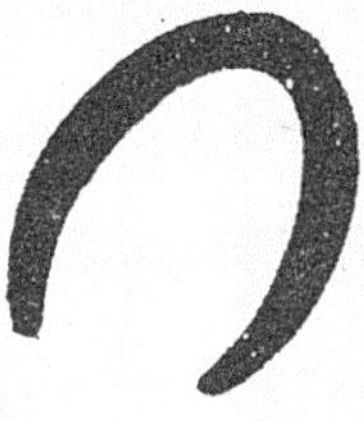

❑ विश्व के कई देशों में घोड़े की नाल को बहुत भाग्यशाली माना जाता है। घोड़े की टांग में लगी नाल सतत दौड़ते रहने के कारण काफी ऊर्जा प्राप्त कर लेती है। इसे फैक्टरी के बाहर दरवाजे की चौखट पर लगाना अत्यंत शुभ होता है। इसको लगाते समय इसके दोनों सिरे नीचे की ओर होने चाहिए, ताकि अंग्रेजी वर्णमाला का उल्टा U बन जाए।

❑ फैक्टरी के मुख्य द्वार के सामने या दाएं–बाएं टॉयलेट का दरवाजा खुलना अशुभ होता है और इससे नकारात्मक ऊर्जा फैलती है। यदि ऐसा हो तो उस दरवाजे को बंद कर टॉयलेट का दरवाजा दूसरी दिशा में बना देना चाहिए।

❑ फैक्टरी के ऑफिस में साफ सफाई करते समय नमक के पानी का पोछा लगाने से नकारात्मक ऊर्जा नष्ट होती है व सकारात्मक ऊर्जा में वृद्धि होती है।

❑ फैक्टरी के टॉयलेट में कांच की प्याली में सूखा समुद्री नमक रखना शुभ होता है। यह वहां चारों तरफ की अशुभ नकारात्मक ऊर्जा को ग्रहण (Absorb) कर लेता है। जब तक यह नमक नमी के कारण गीला न हो जाए तब तक इसको बदलते रहना चाहिए।

❑ फैक्टरी बड़े अस्पताल, श्मशान, कब्रिस्तान, बूचड़खाना, पुलिस थाना आदि के आसपास न हो तो अच्छा होता है। ऐसे स्थानों पर हमेशा गमगीन वातावरण रहने से नकारात्मक ऊर्जा अधिक मात्रा में रहती है जिससे आसपास की फैक्ट्ररी में काम करने वालों की मानसिक स्थिति पर बुरा असर पड़ता है।

❑ असफल या अभागे व्यक्तियों की फैक्टरी कभी नहीं खरीदनी चाहिए। क्योंकि वहां निंश्चित रूप से कोई वास्तु दोष होता ही है जो कि आपको भी परेशान कर आप की जिंदगी को दु:खद बना देगा। ऐसी फैक्टरी का उपयोग वास्तुदोष दूर करके किया जा सकता है।

वास्तु अनुरूप आदर्श फैक्टरी

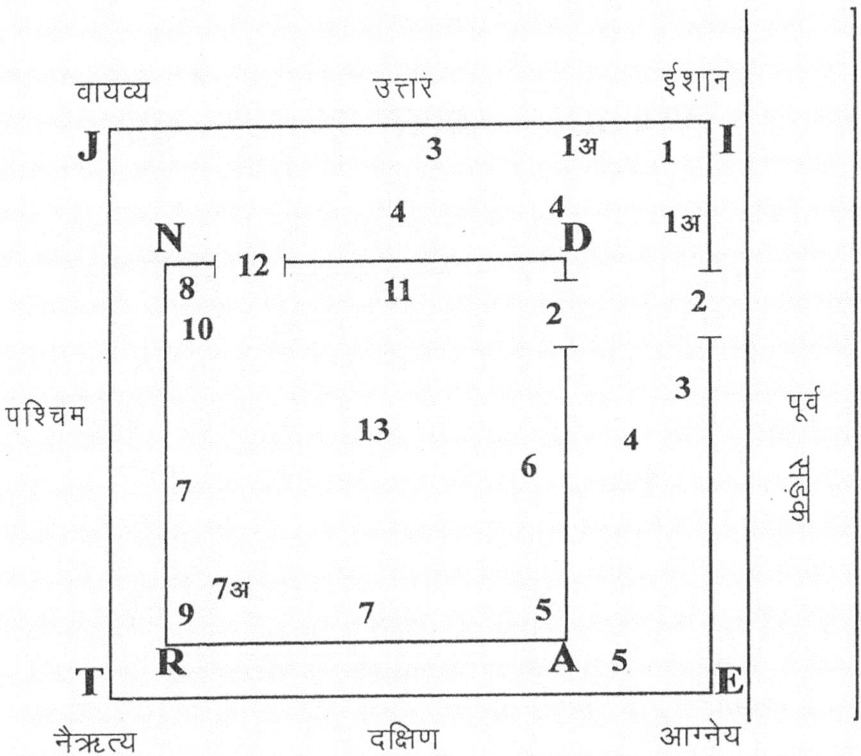

1. बोर प्वाइंट
1(अ) अंडर ग्राउंड वाटर टैंक
2. प्रवेश द्वार
3. पार्किंग लाट
4. लॉन या बगीचा
5. विद्युत केन्द्र या अग्नि स्थान
6. हल्का कच्चा माल
7. मशीनें
7(अ) भारी मशीनें
8. तैयार माल रखने का स्थान
9. भारी कच्चा माल/स्टोर रूम
10. ओवर हैड वाटर टैंक
11. प्रशासनिक कार्यालय
12. तैयार माल का निकास द्वार
13. मध्य केंद्र

JITE औद्योगिक भूखंड
NDRA औद्योगिक भवन

व्यवसाय – वास्तु एवं फेंग शुई

आधुनिक भौतिक युग में यह कहना अनुचित नहीं होगा कि व्यवसाय की सफलता ही जीवन की सफलता है। आजकल लगभग हर व्यक्ति अपनी आजीविका के लिए हैरान परेशान नजर आता है।

पिछले वर्ष नई दिल्ली की सपना और सोनिया ने अपने बुटीक के लगातार गिरते हुए व्यवसाय को देखते हुए मुझे वास्तु सलाह के लिए बुलवाया। दोनों ने बताया कि हमारा बुटीक पहले काफी अच्छा चलता था लगभग छः माह पूर्व जब से हमने जगह बढ़ाने के लिए कुछ परिवर्तन किए एवं इसका नया फर्नीचर बनवाया है तब से हमारा कारोबार बढ़ने के बजाय घटता चला जा रहा है। जो ग्राहक कई सालों से हमारे माल से काफी संतुष्ट थे वही ग्राहक अब हमारे काम मे गलतियां निकालते हैं। हम दोनों में आजकल छोटी–छोटी बातों को लेकर मतभेद भी होने लगा है। पिछले दिनों बुटीक में कुछ ड्रेसेस की चोरी भी हुई हैं।

बुटीक का वास्तु देखने पर साफ हो गया कि जो वह कह रही थीं बिलकुल सही था। पहले उनके बुटीक का प्रवेश द्वार पूर्व ईशान में था व कैश काउंटर उत्तर मुखी था। नया फर्नीचर बनाने के बाद बुटीक का प्रवेश द्वार पूर्व आग्नेय कोण में हो गया व कैश काउंटर भी दक्षिण मुखी हो गया था। मेरी सलाह पर उनके बुटीक का प्रवेश द्वार एवं कैश काउंटर को पुनः पूर्व स्थिति में लाया गया साथ ही कुछ छोटे परिवर्तन और करवाए गए। आज उनकी सारी समस्याएं खत्म हो चुकी हैं और बुटीक पहले से ज्यादा सफलतापूर्वक चल रहा है।

यदि कोई भी व्यवसायी वास्तुशास्त्र एवं फेंग शुई के कुछ साधारण से नियमों का पालन करे तो वह अपना व्यवसाय काफी सफलतापूर्वक चला सकता है और अच्छा धन लाभ प्राप्त कर सकता है।

❑ अच्छे सौभाग्य के लिए वह भूखंड जहां आपका व्यवसाय स्थल हो उसका आकार वर्गाकार, आयताकार हो पर अनियमित आकार न हो। भूखंड का दक्षिण पश्चिम कोना 90° का होना चाहिए। साथ ही उत्तर व पूर्व की दिशा में ज्यादा जगह खुली छोड़नी चाहिए। ऐसे भूखंड पर बने भवन की दुकान में व्यापार करना लाभदायक रहता है।

❑ व्यावसायिक स्थल ऐसी जगह बनाएं या खरीदें जिसके उत्तर–पूर्व में गहरे गड्ढे, तालाब, नदी इत्यादि और दक्षिण व पश्चिम में ऊंचे–ऊंचे टीले व पहाड़ियां हों। ऐसा व्यावसायिक स्थल आपके लिए वरदान सिद्ध होगा।

❑ व्यावसायिक स्थल कभी ऐसी जगह न बनाएं या खरीदें जहां उत्तर–पूर्व मे ऊंचे–ऊंचे भवन, पर्वत, चट्टान या विशाल वृक्ष जैसे पीपल, वट वृक्ष इत्यादि हों और दक्षिण–पश्चिम में गहरे गड्ढे, तालाब, नदी इत्यादि हों। ऐसे व्यावसायिक स्थल में आर्थिक हानि होती है।

❑ ऐसे स्थान के आसपास व्यावसायिक स्थल नहीं खरीदना चाहिए जहां दूर तक फैलने वाली जड़ों वाले विशाल वृक्ष हों, जैसे–पीपल, बरगद, आम, इमली इत्यादि। विशाल वृक्षों की जड़ों के कारण भवन क्षतिग्रस्त होते हैं।

❑ ऐसे स्थान के आसपास व्यवसाय नहीं करना चाहिए, जहां कोई बड़ा नाला, विशेष कर गंदा नाला बहता हो। ऐसे नालों से हमेशा दुर्गंध आने के कारण वहां काम करना मुश्किल होता है। साथ ही वहां कार्यरत कर्मचारियों को स्वास्थ्य संबंधी चिंताजनक समस्याएं पैदा होती रहती हैं।

❑ ऐसे स्थान पर व्यवसाय की स्थापना नहीं करनी चाहिए जहां ऊपर से हाईटेंशन बिजली की तारें निकलती हों। इनसे निकलने वाली इलेक्ट्रो मैगनेटिक तरंगे जो कि काफी खतरनाक होती हैं वहां रहने वालों के स्वास्थ्य को प्रभावित करती हैं। किसी बिजली के अधिक दबाव वाले ट्रांसफार्मर के पास भी व्यवसाय स्थल नहीं खरीदना चाहिए।

❑ व्यापार में सफल होने के लिए समकोण भूखंड पर व्यावसायिक स्थल का निर्माण भी आयताकार या वर्गाकार आकार में ही करना चाहिए। वास्तु अनुरूप बने व्यवसाय स्थल में सफलतापूर्वक व्यवसाय किया जा सकता है।

❑ दुकान की उत्तर, ईशान व पूर्व दिशा का दबा, कटा, गोल होना बहुत अशुभ होता है, इससे काफी आर्थिक संकट का सामना करना पड़ता है। अतः इसको शीघ्र ठीक करवाना चाहिए। हां इन दिशाओं की तरफ दुकान का बढ़ा हुआ होना अत्यंत शुभ होता है। यदि यह दिशाएं दबी, कटी या गोल हो तो इन दिशाओं में दुकान को समकोण करके इसके अशुभ परिणामों से बचना चाहिए।

❑ अच्छे आर्थिक लाभ के लिए व्यावसायिक स्थल का उत्तर, ईशान व पूर्व का भाग दक्षिण, नैऋत्य व पश्चिम भाग की तुलना में नीचा होना चाहिए। ईशान दिशा का ऊंचा होना दुर्भाग्य को आमंत्रित करता है जिससे वहां व्यवसाय करने वाले परिवार को आर्थिक कष्ट का सामना करना पड़ता है।

❑ व्यावसायिक भवन के उत्तर, पूर्व एवं ईशान में भूमिगत पानी की टंकी, कुआं या बोरिंग होना बहुत शुभ होता है। इससे आर्थिक सम्पन्नता के साथ–साथ प्रसिद्धि भी मिलती है। उपरोक्त दिशाओं के अलावा इनका अन्य किसी भी दिशा में होना अशुभ होता है। भवन के मध्य मे किसी भी प्रकार का गड्ढा, कुआं, बोरिंग इत्यादि होने से भयंकर आर्थिक कष्ट आते हैं। अतः इसको जितना जल्दी हो सके भर देना चाहिए।

❑ व्यावसायिक स्थल का मुख्य द्वार पूर्व ईशान, दक्षिण आग्नेय, पश्चिम वायव्य एवं उत्तर ईशान में होना चाहिए। इससे दुकान में ग्राहकों का आना जाना लगा रहता है। द्वार कभी भी पूर्व आग्नेय, दक्षिण एवं पश्चिम नैऋत्य और उत्तर वायव्य में नहीं बनाना चाहिए।

❑ यदि व्यावसायिक स्थल के मुख्य द्वार के सामने कोई बाधा होती है तो उसे द्वार वेध कहा जाता है, जैसे बिजली का खंभा, स्तम्भ, वृक्ष, खुली नाली या सामने के भवन का धारदार कोना इत्यादि। यह स्थिति बहुत अशुभ होती है। लेकिन यह बाधाएं उस मकान की द्विगुणित ऊंचाई से अधिक दूरी पर हों तो यह दोष नहीं होता है। यदि दुकान और बाधा के मध्य सार्वजनिक सड़क हो तो यह दोष खत्म हो जाता है। व्यवसाय स्थल के दाएं–बाएं व पीछे ऐसी बाधा हो तो यह दोष नहीं होता है।

❑ ऐसी जगह रहना या कोई व्यवसाय करना बहुत अशुभ होता है जहां आसपास के भवनों की तुलना में आपका व्यावसायिक स्थल बहुत छोटा या बहुत ऊंचा हो। ऐसी दुकानों में व्यापार करने वाले व्यापार में पिछड़ते जाते हैं।

❑ ऐसे भवन जिनके सामने यदि कोई भवन या अन्य कोई निर्माण कार्य हो वहां व्यवसाय करने का विचार तक न करें। यदि आपके व्यावसायिक स्थल के पीछे कोई बड़ा भवन हो तो काफी शुभ होता है।

❑ कोई भी व्यावसायिक स्थल टी जंक्शन पर नहीं होना चाहिए। यह अत्यधिक अशुभ मार्ग वेध होता है। जो वहां व्यवसाय करने वाले मुखिया के साथ–साथ कर्मचारियों के जीवन में दुःखदायी हादसे पैदा करता है।

❑ कभी भी सड़क के अंतिम छोर Dead End के दोनों तरफ के अंतिम दुकान में कारोबार नहीं करना चाहिए। Dead End पर ऊर्जा का निकास नहीं हो पाता है, जिसके कारण ऐसी दुकानों में व्यापार करने वालो को व्यापार में उचित सफलता नहीं मिल पाती है।

❑ कई व्यावसायिक स्थलों में बेसमेंट बनाए जाते हैं। देखने में आता है कि 95 प्रतिशत बेसमेंट वास्तु विपरीत ही बने होते हैं, जो बहुत अशुभ परिणाम देते हैं। वास्तु अनुरूप बेसमेंट बनाने में कई बातों का ध्यान रखना पड़ता है। अतः दुकान या ऑफिस में बेसमेंट बनाने या उपयोग में लाने से पहले किसी विद्वान वास्तुशास्त्री की सलाह ले लेनी चाहिए। वास्तु विपरीत बेसमेंट का उपयोग करने वालों को भयंकर आर्थिक, मानसिक कष्ट होते हैं जिसके कारण उन्हें आर्थिक कष्ट का सामना करना पड़ता है।

❑ व्यावसायिक स्थल पर ईशान कोण अर्थात् नार्थ ईस्ट में टॉयलेट होने से पैसा फ्लश होता है। वहां कार्य करने वालो का स्वास्थ्य खराब रहता है, और दुकान की साख भी धूमिल होती है।

❑ व्यावसायिक स्थल का प्रवेश द्वार बड़ा होना चाहिए और वह किसी संकरे गलियारे में नहीं खुलना चाहिए।

❑ दुकान का कैश काउंटर इस तरह रखना चाहिए कि वह उत्तर या पूर्व की ओर खुले। इससे गल्ले मे पैसों की आवक जावक बनी रहती है। किसी भी स्थिति में गल्ला दक्षिण या पश्चिम की ओर नहीं खुलना चाहिए।

❑ मालिक, दुकान का स्टाफ एवं कैश काउंटर के ऊपर किसी प्रकार का लटकता बीम या परछत्ती नहीं होना चाहिए। इससे मानसिक तनाव बढ़ता है। यदि जगह के अभाव कारण बीम के नीचे बैठना मजबूरी हो, तो फेंग शुई के अनुसार बीम के दोनों ओर 2 बांसुरी लाल रिबन में बांधकर 45^0 अंश कोण में लगाकर इस दोष को दूर किया जा सकता है।

❑ दुकान का फर्नीचर इस प्रकार बनवाना चाहिए कि ग्राहक जब बैठे तब उसका मुंह पश्चिम, दक्षिण दिशा की ओर रहना चाहिए व मालिक एवं सेल्समेन का मुंह उत्तर या पूर्व की ओर होना चाहिए। इससे ग्राहक सेल्समेन की बात को सम्मान देता है।

❑ काउंटर दक्षिण आग्नेय से नैऋत्य होता हुआ उत्तर वायव्य तक बनाना चाहिए। यदि ईशान में भी बनवाना पड़े तो कोशिश करनी चाहिए कि ईशान में ऊंचा काउंटर न हो।

❑ अग्नि का सही स्थान आग्नेय कोण होता है, अतः बिजली का मीटर एवं स्विच बोर्ड आग्नेय कोण में होना शुभ होता है। अन्य दिशा में इनके होने से वहां कार्य करने वाले मानसिक तनाव में रहते हैं।

❑ पानी रखने की सबसे शुभ दिशा ईशान कोण होती है अतः व्यावसायिक स्थल पर पीने के पानी की व्यवस्था ईशान कोण में होनी चाहिए ताकि पैसे की आवक–जावक अच्छी बनी रहे।

❑ दुकान के काउंटर समकोण होने चाहिए। गोल त्रिकोण या अन्य कोई आकार अशुभ होता है। दुकान में ज्यादा से ज्यादा लकड़ी का फर्नीचर होना शुभ रहता है।

❑ यदि दुकान के अंदर मेजनाइन फ्लोर (दो तल्ला) बनाना हो तो दक्षिण व पश्चिम दिशा में बनाना शुभ रहता है। उत्तर या पूर्व दिशा में बिलकुल नहीं बनाना चाहिए।

❑ उत्तर व पूर्व की तरफ प्रवेश द्वार वाली दुकानें कुछ ज्यादा अच्छी चलती हैं। ध्यान रहे बाकी दिशाएं भी शुभ होती हैं। दुकान में माल रखने के लिए ऊंचे रैक या अलमारियां दक्षिण या पश्चिम दिशा में बनानी चाहिए।

❑ दुकान में विक्रय हेतु रखा गया सामान अन्य दिशाओं के मुकाबले वायव्य कोण में रखने से जल्दी बिकता है। अतः जिस सामान को बेचने की जल्दी हो उसे वायव्य कोण में रखा जाए।

❑ ईशान कोण में रखा सामान बहुत धीरे–धीरे बिकता है। अतः बेचने वाली वस्तु वहां न रखी जाए। वहां मंदिर, पीने का पानी, बही खाते या ग्राहक के बैठने की व्यवस्था कर सकते हैं।

❑ कपड़े, डिपार्टमेंटल स्टोर्स एवं विद्या से संबंधित दुकान पूर्व मुखी हो, तो ज्यादा अच्छा व्यवसाय करती है।

❑ इलैक्ट्रॉनिक, इलैक्ट्रीकल, होटल एवं मिठाई की दुकानें भवन के आग्नेय कोण में ज्यादा अच्छी चलती हैं।

❑ दक्षिण मुखी दुकानें महिलाओं के व्यवसाय जैसे ज्वेलरी, ड्रेस मैटेरियल, ब्यूटी पार्लर इत्यादि के लिए अति उत्तम रहती हैं।

❑ होटल, शराबखाने, केसीनो, डिस्को थिक इत्यादि पुरुषों के मनोरंजन के व्यवसाय दक्षिण दिशा में लाभदायक रहते हैं।

❑ पुरुष प्रधान व्यवसाय पश्चिम दिशा में ज्यादा अच्छे चलते हैं। वाहनों के शोरूम वायव्य एवं उत्तर में अच्छे चलते हैं।

❑ व्यावसायिक स्थल में मुखिया की बैठक इस प्रकार हो कि मुखिया का मुख पूर्व या उत्तर दिशा की ओर हो। इस प्रकार बैठना बहुत शुभ होता है। जिससे व्यक्ति अपने सामने बैठे व्यक्ति को प्रभावित करता है। साथ ही बैठने का स्थान मुख्य द्वार के पास हो, ताकि ग्राहकों से सरलता से संपर्क बना रहे।

❑ व्यावसायिक संस्थान में मुखिया को कभी भी प्रवेश द्वार की ओर पीठ करके नहीं बैठना चाहिए क्योंकि इस प्रकार बैठने से प्रायः विश्वासघात एवं धोखाधड़ी होने की संभावना रहती है।

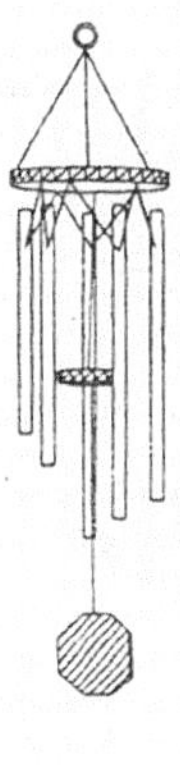

❑ व्यावसायिक स्थल में मुखिया के बैठने के स्थान के पीछे दीवार पर पर्वत, भव्य इमारत आदि का चित्र या पोस्टर लगाने से आत्मविश्वास बढ़ता है, और यह बाहरी लोगों से ठोस सहयोग मिलने का प्रतीक भी है।

❑ फेंग शुई के अनुसार दुकान के प्रवेश द्वार के सामने वाली दीवार के बाएं कोने में संपत्ति एवं भाग्य का क्षेत्र होता है। यहां पर धातु की विंड चाइम्स लटकाना शुभ होता है।

❑ फेंग शुई के अनुसार दुकान के प्रवेश द्वार के दाएं (मुख्य द्वार से अंदर जाते समय) ओर फिश पॉट, छोटा फव्वारा या बहते झरने का फोटो लगाने से व्यापार में आर्थिक प्रगति होती है।

❑ फेंग शुई में आर्थिक लाभ के लिए सिक्कों का बहुत महत्त्व है अतः छेद वाले तीन सिक्के लाल धागे से बांधकर दुकान के गल्ले में रखना शुभ होता है। इससे आय में सतत वृद्धि होती है।

❑ फेंग शुई के अनुसार किसी भी व्यावसायिक स्थल के अंदर मुख्य प्रवेश द्वार के सामने वाली दीवार का मध्य भाग प्रसिद्धि का क्षेत्र होता है। इस स्थान का मूल तत्त्व अग्नि है जिसका रंग लाल है। इस स्थान पर जीरो वॉट का लाल रंग का बल्ब लगाएं जो हमेशा जलता रहे। यह आपकी प्रतिष्ठा, नाम और साख बढ़ाने का शानदार उपाय है। यदि आप अपना फोटो या बल्ब न लगा सकें तो कोई भी लाल रंग की तस्वीर लगा सकते हैं। नहीं तो लाल रंग के प्लास्टिक के फूल भी लगा सकते हैं।

❑ फेंग शुई के अनुसार प्रसिद्धि के क्षेत्र में नीले रंग की कोई तस्वीर, रुके हुए पानी की तस्वीर लगाने से या इस दीवार पर नीला रंग करने से व्यवसाय संस्थान की प्रतिष्ठा धुल जाती है।

❑ फेंग शुई के अनुसार प्रसिद्धि के क्षेत्र में आपके व्यावसायिक संस्थान को प्राप्त पुरस्कार, ट्रॉफी, मोमेंटो, प्रमाण–पत्र इत्यादि वहां प्रदर्शित करने चाहिए। यदि जाने माने व्यक्तियों के साथ आपके फोटो खिचें हों तो उनका भी वहां प्रदर्शन करें।

❑ व्यावसायिक स्थल के प्रवेश द्वार के दाएं–बाएं सुंदर फूलों के गमले रखने चाहिए। यह दुकान में प्रवेश करने वाली ऊर्जा को और अधिक सकारात्मक बनाते हैं। जो आपकी प्रसिद्धि को बढ़ाने में बहुत सहयोग देते हैं। ध्यान रहे यह पौधे चौड़ी पत्तियों वाले ही हों, पौधे कांटेदार या नुकीली पत्तियों वाले नहीं होने चाहिए।

❑ व्यवसायिक स्थल में ताजे फूल रखने से सुख, सौभाग्य एवं समृद्धि में वृद्धि होती है। बासी या मुरझाए फूल नकारात्मक ऊर्जा पैदा करते हैं, अतः उन्हें वहां से सूखते ही हटा देना चाहिए। आपके पास हरे–भरे पौधे न हो तो बनावटी पौधे रख सकते हैं इनका लाभ यह होता है कि इन्हें कम से कम देखभाल की आवश्यकता होती है। कभी भी सफाई होने पर यह तरोताजा दिखाई देते हैं।

❑ बोनसाई के पौधे व्यावसायिक स्थल में कभी भी नहीं रखने चाहिए चाहे यह देखने में सुन्दर लगे। यह व्यवसाय के लिए सामान्य विकास में बाधा के प्रतीक हैं।

❑ व्यावसायिक स्थल में नागफनी, सूखे फूल, जानवरों के सिर, खालें इत्यादि नकारात्मक ऊर्जा पैदा करते हैं। अतः व्यवसाय में यथोचित सफलता पाने के लिए इन्हें यहां से हटा दें।

❑ व्यवसाय में आपसी संपर्क का बड़ा लाभ होता है और वर्तमान युग में आपसी संपर्क के लिए टेलीफोन, कम्प्यूटर इत्यादि सहज सुलभ साधन उपलब्ध हैं। फेंग शुई के अनुसार टेलीफोन, कम्प्यूटर इत्यादि व्यवसाय स्थल के उत्तर पश्चिम कोने में रखने चाहिए।

❑ वास्तु एवं फेंग शुई दोनों में जल को संपत्ति माना गया है, अतः व्यावसायिक स्थल के टॉयलेट बाथरूम में नल टपकना अशुभ होता है,. इससे धन पानी की तरह बह जाता है, अतः इनकी तुरंत मरम्मत करानी चाहिए।

❑ फेंग शुई के अनुसार दुकान के मुख्य दरवाजे के सामने ऊपर नीचे जाती सीढ़ियां होना शुभ नहीं होता है। अतः ऐसी स्थिति में मुख्य द्वार के बाहर पांच रॉड की विंड चाइम्स लटकाकर सकारात्मक ऊर्जा में वृद्धि कर इस दोष को दूर किया जा सकता है।

❑ फेंग शुई के अनुसार दुकान के मुख्य द्वार के सामने से ऊपर की ओर जाने वाली सीढ़ियां प्रारंभ होना अशुभ होता है। ऐसी स्थिति में मुख्य द्वार की चौखट के फ्लोर पर 2 इंच डोली उठानी चाहिए।

❑ फेंग शुई के अनुसार दुकान के मुख्य द्वार के सामने नीचे से आने वाली सीढ़ियों का अंत होना अशुभ होता है। ऐसी स्थिति में मुख्य द्वार की चौखट पर Concave Mirror लगा पा–कुआ PA-KUA लगाने से यह दोष दूर हो जाता है।

❑ फेंग शुई में दर्पण का बहुत महत्त्व है। चीन में अष्ट कोणीय आकार को बहुत पवित्र माना जाता है। आठ कोणों वाले पा–कुआ मिरर जिसके मध्य में छोटा दर्पण लगा रहता है को पवित्र माना जाता है। छोटा दर्पण ऊर्जा को केंद्रित रख अधिक शक्तिशाली हो जाता है। पा–कुआ मिरर मुख्य द्वार या खिड़की के अंदर या बाहर लगाने से सामने से आकर प्रभावित करने वाली अशुभ ऊर्जा (विषैले तीर) को वापस लौटा देता है।

❑ यदि आप अपने व्यवसाय में यथोचित सफलता नहीं पा रहे हैं, तो मुख्य द्वार के बाहर अधिक प्रकाश देने वाला बल्ब लगाएं जो 24 घंटे जलता रहे।

❑ दुकान का दरवाजा कमरे के अनुपात से बहुत चौड़ा या ऊंचा नहीं होना चाहिए। दरवाजे का अपने आप खुलना व बंद होना शुभ नहीं होता। दरवाजा खोलते या बंद करते समय आवाज करता हो तो कब्जों में तेल डाल देना चाहिए। लोहे के शटर वाली दुकान पर यह नियम लागू नहीं होता है।

❑ मुख्य द्वार क्लॉक वाइज बिना आवाज के पूरी तरह खुलना चाहिए। ताकि अधिक मात्रा में सकारात्मक ऊर्जा व्यावसायिक स्थल में प्रवेश कर सके।

❑ अपनी आस्था के अनुसार, मुख्य द्वार के बाहर मांगलिक प्रतीकों को प्रदर्शित करना चाहिए जैसे स्वास्तिक, ऊँ, त्रिशूल, क्रॉस इत्यादि। इससे सौभाग्य, समृद्धि व प्रसिद्धि में वृद्धि होती है।

❑ कभी भी भवन के मुख्य द्वार के सामने साइकिल, स्कूटर, या कार इत्यादि रखकर रुकावट पैदा न करें। यह आपके जीवन में मिलने वाले सुखद अवसरों में रुकावट पैदा करते हैं।

❑ मुख्य द्वार के सामने जूते चप्पल उतारना अशुभ होता है जो अच्छी ऊर्जा को अंदर आने में रुकावट पैदा करता है।

❑ मुख्य द्वार पर व उसके आसपास समुचित साफ सफाई होनी चाहिए, ताकि सकारात्मक ऊर्जा को घर में प्रवेश करने में किसी प्रकार की रुकावट पैदा न हो।

❑ व्यावसायिक स्थल में सकारात्मक ऊर्जा को आमंत्रित करने के लिए मुख्य द्वार की साज सज्जा जैसे कलर, पॉलिश इत्यादि हमेशा ठीक रखने चाहिए। टूटा, खराब, गंदा, जंग लगा हुआ मुख्य द्वार नकारात्मक ऊर्जा पैदा करता है, जो आपकी सफलता के लिए घातक होता है।

❑ दुकान के मुख्य द्वार के दोनों और खिड़कियां होना दोषपूर्ण होता है। ऐसा माना जाता है इन खिड़कियों के माध्यम से भाग्य हवा के साथ बाहर बह जाता है। यदि ऐसी स्थिति हो तो खिड़कियों पर गोल पत्तियों वाले पौधे गमले में रखने या लटकाने चाहिए।

❑ व्यावसायिक स्थल के मुख्य द्वार के सामने या दाएं–बाएं टॉयलेट का दरवाजा खुलना अशुभ होता है और इससे नकारात्मक ऊर्जा पूरे स्थान में फैलती है। यदि ऐसा हो तो उस दरवाजे को बंद कर टॉयलेट का दरवाजा दूसरी दिशा में बना देना चाहिए।

❑ व्यावसायिक स्थल के मुख्य द्वार पर किसी प्रकार का दर्पण नहीं लगाना चाहिए, क्योंकि इससे आने वाली शुभ ऊर्जा परावर्तित होकर वापस चली जाती है। जिससे व्यवसाय में मिलने वाले कई अच्छे अवसर वापस लौट जाते हैं।

❑ व्यावसायिक स्थल के प्रवेश द्वार के दाएं–बाएं सुंदर फूलों के गमले रखने चाहिए। यह दुकान में प्रवेश करने वाली शुभ ऊर्जा को और अधिक सकारात्मक बनाते हैं। जो आपकी समृद्धि को बढ़ाने में सहायक होती है। ध्यान रहे, यह पौधे चोड़ी पत्तियों वाले ही हों, कांटेदार या नुकीली पत्तियों वाले नहीं होनी चाहिए।

❑ विश्व के कई देशों में घोड़े की नाल को बहुत भाग्यशाली माना जाता है। घोड़े की टांग में लगी नाल सतत दौड़ते रहने के कारण बहुत ऊर्जा प्राप्त कर लेती है। इसे व्यावसायिक स्थल के बाहर दरवाजे की चौखट पर लगाना अत्यंत शुभ होता है। इसको लगाते समय इसके दोनों सिरे नीचे की और होने चाहिए ताकि अंग्रेजी वर्णमाला का उल्टा U बन जाए।

❑ व्यावसायिक स्थल के मुख्य द्वार पर बाहर की ओर फूलों का गुलदस्ता या छोटी घंटियां लगानी चाहिए। इस तरह सौभाग्य को न्यौता देना होता है।

❑ व्यावसायिक स्थल पर किसी भी प्रकार की बंद पड़ी घड़ी, टी.वी., टेप रिकार्डर, रेडियो इत्यादि नहीं होने चाहिए। यह बंद पड़ी चीजें व्यवसाय की तरक्की में रुकावट पैदा करती हैं।

❑ व्यावसायिक स्थल की साफ सफाई समय–समय पर करवाते रहना चाहिए। व्यावसायिक स्थल में रखे अनावश्यक बेकार सामान, अव्यवस्थित रखा सामान, मकड़ी के जाले नकारात्मक ऊर्जा पैदा करते हैं। जिससे आर्थिक हानि होती है।

❑ व्यावसायिक स्थल में सुबह शाम मंदिर में बजायी जाने वाली छोटी घंटी अवश्य बजानी चाहिए। घंटी बजाने से उसके द्वारा उत्पन्न कंपन से वहां व्याप्त नकारात्मक ऊर्जा का नाश होता है।

❑ व्यावसायिक स्थल में साफ सफाई करते समय नमक के पानी का पोछा लगाने से नकारात्मक ऊर्जा नष्ट होती है व सकारात्मक ऊर्जा में वृद्धि होती है।

❑ व्यावसायिक स्थल के टॉयलेट में कांच की प्याली में सूखा समुद्री नमक रखना शुभ होता है। यह वहां चारों तरफ की अशुभ नकारात्मक ऊर्जा को ग्रहण (Absorb) कर लेता है। जब यह नमक नमी के कारण गीला हो जाए तब इसको बदलते रहना चाहिए।

❑ व्यावसायिक स्थल बड़े अस्पताल, श्मशान, कब्रिस्तान, बूचड़खाना, पुलिस थाना आदि के आसपास न हो तो अच्छा है। ऐसे स्थानों पर हमेशा गमगीन वातावरण रहने से नकारात्मक ऊर्जा काफी मात्रा में रहती है, जिससे व्यावसायिक स्थल पर काम करने वालो की मानसिक स्थिति पर बुरा असर पड़ता है।

❑ असफल या अभागे व्यक्तियों से दुकान नहीं खरीदनी चाहिए क्योंकि वहां निश्चित रूप से कोई वास्तुदोष होता ही है जो कि आपको भी परेशान कर आप की जिंदगी को दुःखद बना देगा। ऐसी दुकान का उपयोग वास्तुदोष दूर करके किया जा सकता है।

दुकान में बैठक व्यवस्था एवं कैश बॉक्स रखने का स्थान

दुकान में बैठक व्यवस्था और कैश बॉक्स रखने का स्थान दुकान के मुख्य द्वार की दिशा पर निर्भर करता है।

दुकान यदि पूर्व मुखी हो, तो मालिक को आग्नेय कोण में पूर्व दिशा की दीवार को स्पर्श किए बिना दक्षिण आग्नेय की दीवार से सटकर उत्तर मुखी बैठना चाहिए, और कैश बॉक्स दाईं ओर रखना चाहिए, जो उत्तर दिशा की ओर खुले। यदि इसी स्थान पर पूर्व मुखी होकर बैठना हो, तब भी कैश बॉक्स को दाईं और रखना चाहिए। पूर्व मुखी दुकान में मालिक को किसी भी स्थिति में ईशान या वायव्य दिशा में नहीं बैठना चाहिए।

यदि दुकान दक्षिण मुखी हो, तो मालिक को नैऋत्य में पूर्व मुखी होकर बैठना चाहिए और दाई ओर कैश बॉक्स रखना चाहिए। यदि उत्तर मुखी होकर बैठना चाहे, तो कैश बॉक्स को बाईं ओर रखना चाहिए। दक्षिण मुखी दुकान में मालिक को आग्नेय, वायव्य व ईशान में बैठकर व्यापार नहीं करना चाहिए।

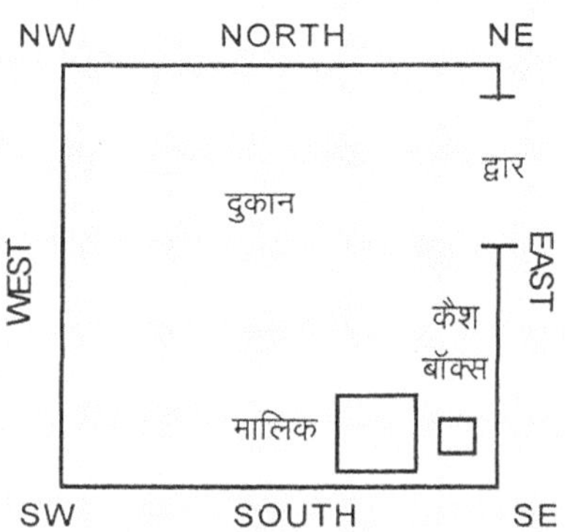

पूर्व मुखी दुकान

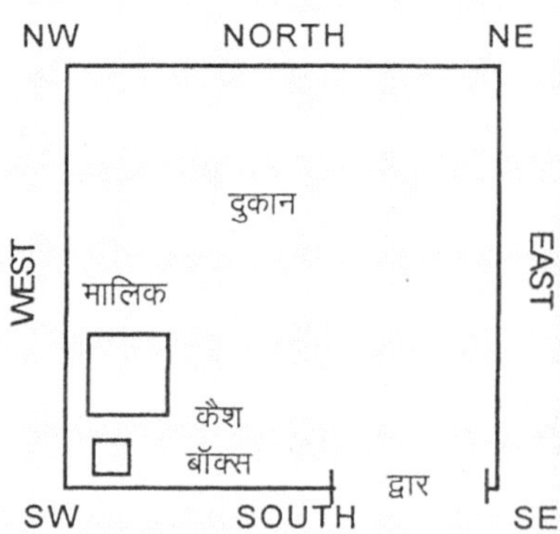

दक्षिण मुखी दुकान

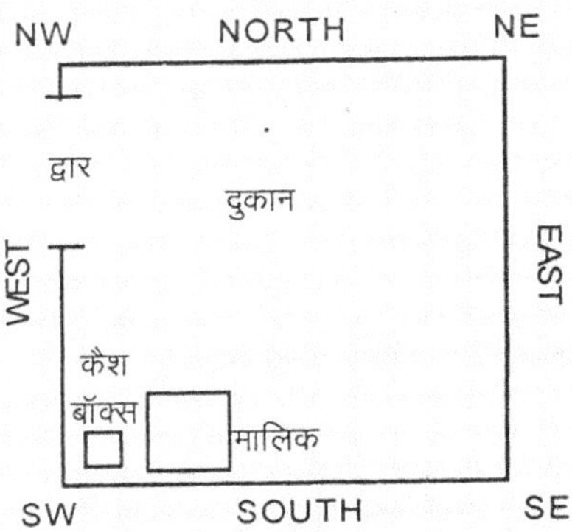

पश्चिम मुखी दुकान

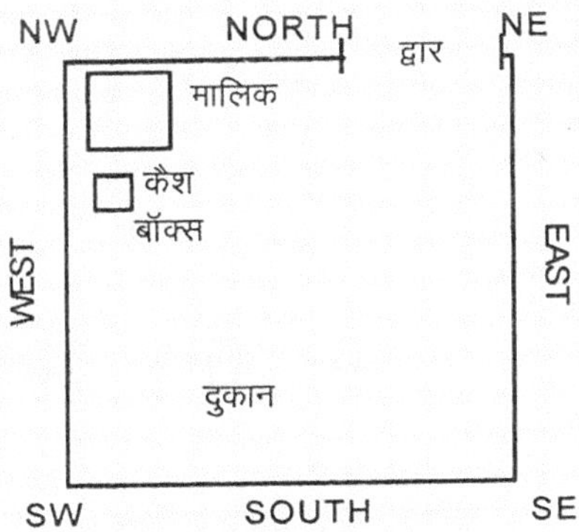

उत्तर मुखी दुकान

यदि दुकान पश्चिम मुखी हो तो नैऋत्य कोण में उत्तर मुखी बैठना चाहिए, और कैश बॉक्स बाईं ओर रखना चाहिए। पश्चिम मुखी दुकान में मालिक को वायव्य, ईशान व आग्नेय में नहीं बैठना चाहिए।

यदि दुकान उत्तर मुखी हो तो उत्तरी दीवार को स्पर्श किए बिना पश्चिम दीवार से सटकर पूर्व मुखी बैठना चाहिए और कैश बॉक्स दाईं ओर रखना चाहिए। उत्तर मुखी दुकान में ईशान या आग्नेय में नहीं बैठना चाहिए।

दो शटर वाली दुकान का वास्तु

बड़े शो रूम में सामान्यतः दो शटर होते हैं, वहां पर एक शटर पर शो केस बनाया जाता है व दूसरा शटर ग्राहकों के आने जाने के लिए रखा जाता है। वास्तु अनुरूप दुकान बनाने के लिए किस शटर पर शो केस बनाना चाहिए व किस शटर को ग्राहकों के आने–जाने के लिए रखना चाहिए इसका निर्धारण दुकान के मुख्य द्वार की दिशा पर निर्भर करता है।

यदि दुकान पूर्व मुखी है, तो ऐसी स्थिति में ईशान कोण का शटर ग्राहकों के आने–जाने के लिए रखना चाहिए और शो केस पूर्व आग्नेय दिशा वाले शटर पर बनाना चाहिए।

यदि दुकान दक्षिण मुखी है, तो ऐसी स्थिति में दक्षिण आग्नेय का शटर ग्राहकों के आने–जाने के लिए रखना चाहिए, और शो केस दक्षिण नैऋत्य वाले शटर पर बनाना चाहिए।

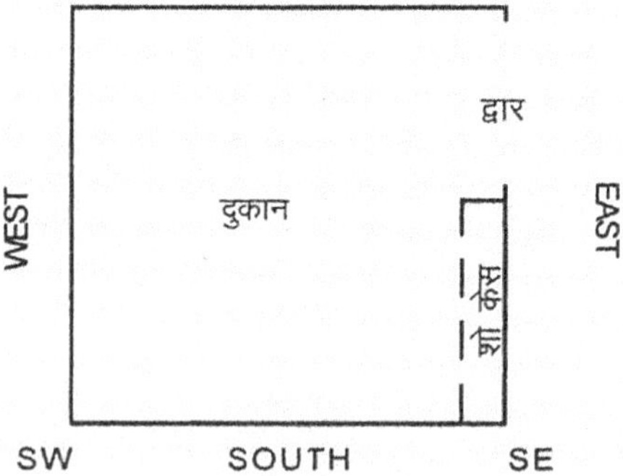

पूर्व मुखी दुकान

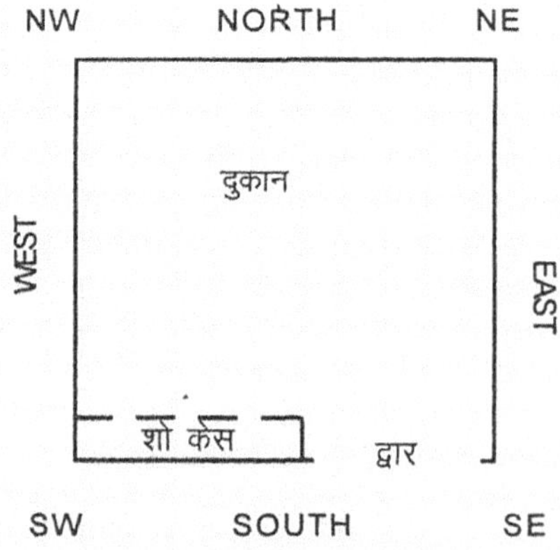

दक्षिण मुखी दुकान

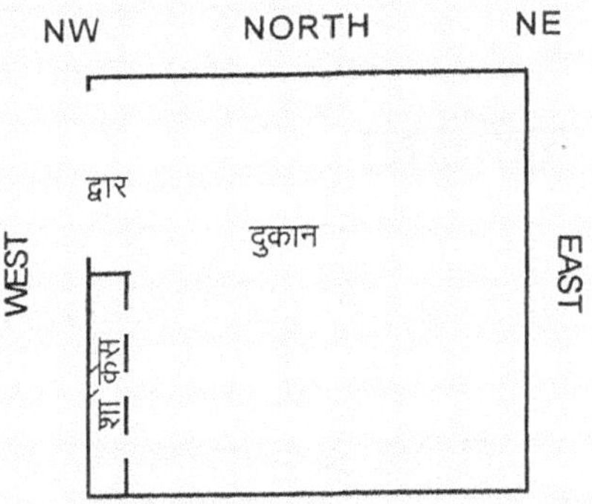

पश्चिम मुखी दुकान

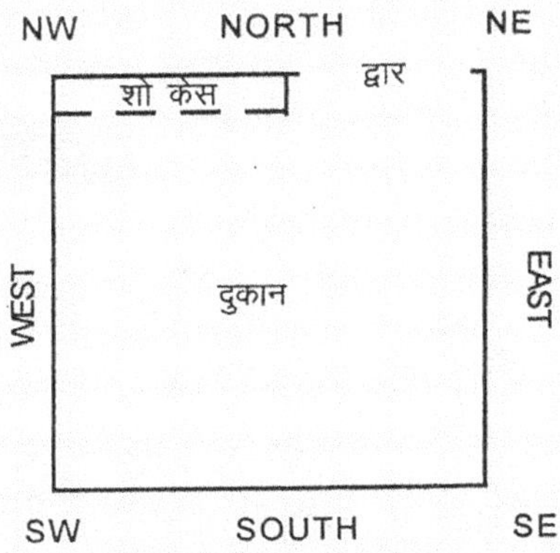

उत्तर मुखी दुकान

यदि दुकान पश्चिम मुखी है तो ऐसी स्थिति में पश्चिम वायव्य का शटर ग्राहकों के आने जाने के लिए रखना चाहिए और शो केस पश्चिम नैऋत्य दिशा वाले शटर पर बनाना चाहिए।

यदि दुकान उत्तर मुखी है तो ऐसी स्थिति में उत्तर ईशान का शटर ग्राहकों के आने जाने के लिए रखना चाहिए, और शो केस उत्तर वायव्य दिशा वाले शटर पर बनाना चाहिए।

दुकान की सीढ़ियां

दुकान में आने–जाने के लिए सीढ़ियों का निर्माण भी दुकान के मुख्य द्वार की दिशा पर ही निर्भर करता है।

दुकान यदि पूर्व मुखी हो, तो दुकान में अंदर बाहर आने–जाने के लिए ईशान में सीढ़ियां बनानी चाहिए। चाहें तो पूरी दुकान के बाहर सीढ़ियां बना सकते हैं। पूर्व आग्नेय में सीढ़ियां न बनाएं। पूर्व आग्नेय से दक्षिण तक आधे भाग में चबूतरा बनवाकर ईशान में सीढ़ियां बनाई जा सकती हैं। यह सीढ़ियां उत्तर ईशान तक हर हालत में बनाना चाहिए, ताकि ईशान कोण कटा हुआ न रहे।

दुकान यदि दक्षिण मुखी हो, तो दुकान में अंदर बाहर आने–जाने के लिए केवल दक्षिण आग्नेय दिशा में सीढ़ियां बनानी चाहिए। दक्षिण नैऋत्य में सीढ़ियां न बनाएं। दक्षिण नैऋत्य में दुकान के फर्श के बराबर या थोड़ा ऊंचा चबूतरा बनाना चाहिए।

दुकान यदि पश्चिम मुखी हो, तो दुकान में अंदर बाहर आने–जाने के लिए पश्चिम वायव्य दिशा में सीढ़ियां बनानी चाहिए। पश्चिम नैऋत्य में सीढ़ियां न

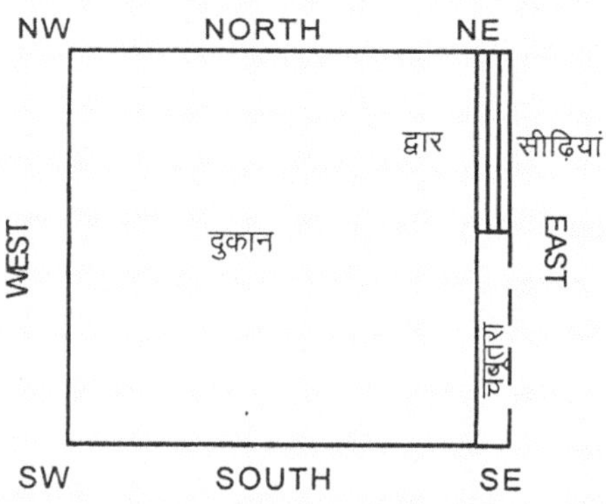

पूर्व मुखी दुकान

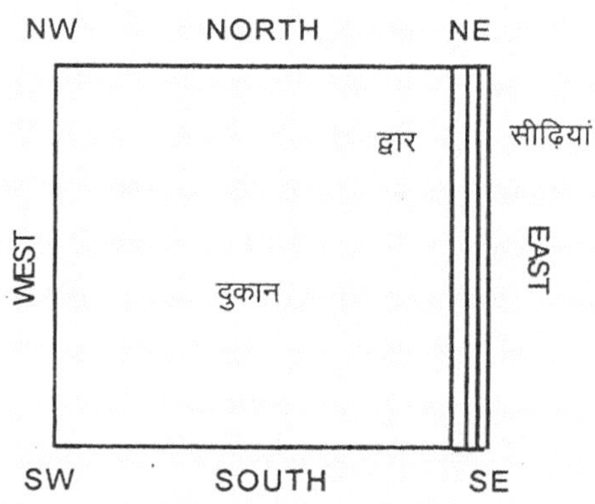

पूर्व मुखी दुकान

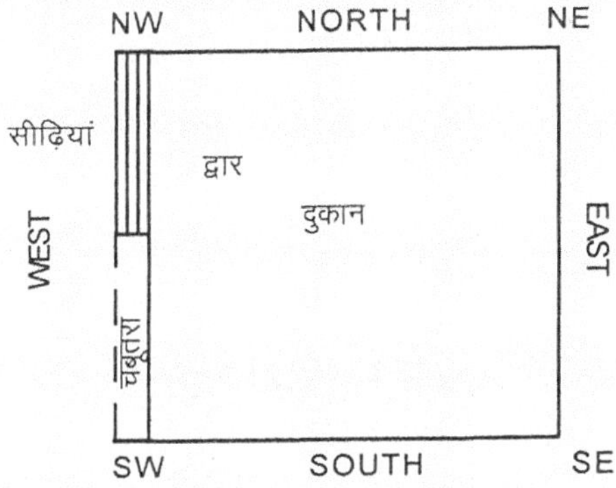

पश्चिम मुखी दुकान

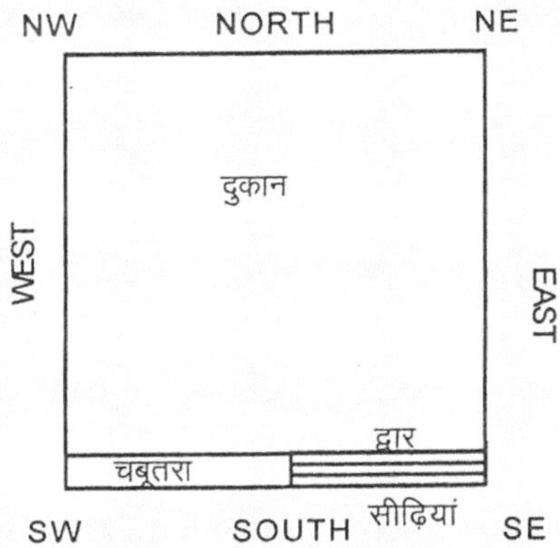

दक्षिण मुखी दुकान

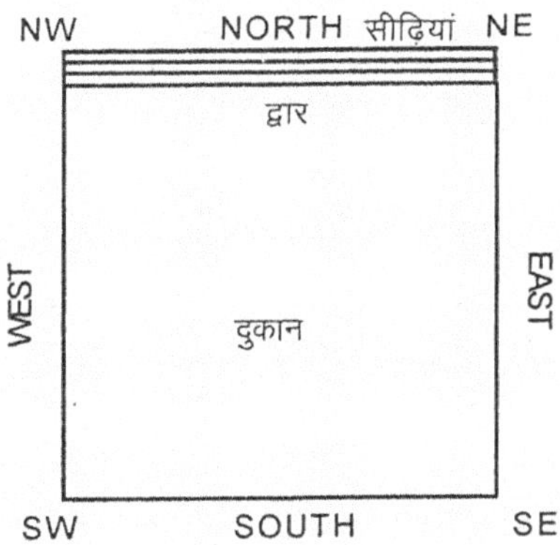

उत्तर मुखी दुकान

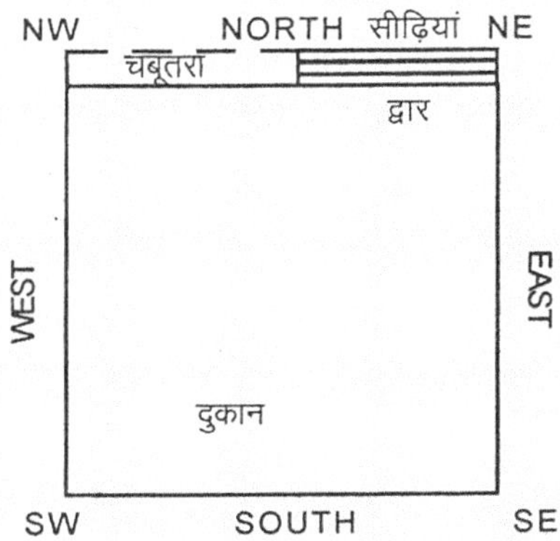

उत्तर मुखी दुकान

बनाएं। नैऋत्य दिशा में दुकान के फर्श के बराबर या थोड़ा ऊंचा चबूतरा बनाना चाहिए।

दुकान यदि उत्तर मुखी हो, तो दुकान में अंदर बाहर आने–जाने के लिए उत्तर ईशान में सीढ़ियां बनानी चाहिए। चाहें तो, पूरी दुकान के बाहर सीढ़ियां बना सकते हैं। उत्तर वायव्य में सीढ़ियां न बनाएं। उत्तर वायव्य में चबूतरा बनवाकर ईशान में सीढ़ियां बनाई जा सकती हैं। यह सीढ़ियां पूर्व ईशान तक हर हालत में बनानी चाहिए, ताकि ईशान कोण कटा हुआ न रहे। उत्तर वायव्य में बना चबूतरा दुकान के फर्श के लेवल से थोड़ा नीचा होना चाहिए।

दुकान का विभाजन और वास्तु

मुंबई के अंधेरी ईस्ट के सफल टायर व्यवसायी श्री चोपड़ा ने मुझे वास्तु सलाह के लिए मुंबई आने का निमंत्रण दिया। मुंबई बोरीवली स्टेशन से घर जाते समय रास्ते में उन्होंने बताया कि कई वर्षों से हमारे परिवार का टायर का व्यवसाय सफलतापूर्वक चल रहा था। दो वर्ष पूर्व पिताजी की मृत्यु के बाद हम दोनों भाइयों में संपत्ति का विभाजन हुआ और विभाजन में हमारी दो शटर की दुकान (चित्र क्रमांक–1) जहां हम टायर का व्यवसाय करते थे, मध्य में दीवार बनाकर आधी–आधी दुकान बांट ली गई। मेरे भाई की दुकान तो पहले की भांति बहुत अच्छी चल रही है, पर मेरी दुकान उसकी तुलना में 25 प्रतिशत व्यवसाय भी नहीं कर पा रही है। मेरी दुकान में पिछले वर्ष चोरी भी हो चुकी है जिसमें मुझे बहुत नुकसान हुआ हैं। दुकान पर ग्राहकों से बिना कारण विवाद भी होता रहता है। इन कारणों से अब मेरा तो दुकान में बैठने का मन ही नहीं करता है। जबकि विभाजन के बाद हम दोनों भाइयों की दुकान का साइज, स्टॉक, क्वालिटी, अच्छे ब्रांड सभी कुछ लगभग समान हैं। मेरे दिमाग में तो उसी समय चोपड़ा जी के गिरते कारोबार का कारण कौंध गया था और जब दुकान में जाकर देखा तो, मेरा सोचना सही निकला। दुकान का विभाजन (चित्र क्रं.–2) मध्य में पक्की दीवार बनाकर एक समान किया गया था। विभाजन के बाद चोपड़ा जी से दुकान का फर्नीचर चित्र क्र. 2–B के अनुसार पूर्णतः विपरीत बनने से दुकान का वास्तु बिगड़ गया था। जबकि उनके भाई की दुकान का फर्नीचर चित्र क्र. 2–A के अनुसार पूर्णतः वास्तु अनुकूल था। चोपड़ा जी के भाई की दुकान का मुख्य द्वार पूर्व ईशान में था, बैठक व्यवस्था नैऋत्य कोण में पूर्व मुखी थी, कैश बॉक्स बैठक के पास दाएं तरफ, दक्षिण की

दीवार से लगा हुआ होकर उत्तर दिशा की ओर खुल रहा था। चोपड़ा जी ने विभाजन के बाद प्रवेश द्वार पूर्व आग्नेय की ओर रखा, बैठक व्यवस्था वायव्य कोण में पूर्व मुखी थी और कैश बॉक्स बाएं तरफ उत्तर की दीवार से लगा हुआ होकर दक्षिण की ओर खुल रहा था।

वास्तु सिद्धांत है कि, पूर्व आग्नेय का द्वार चोरी एवं विवाद का कारण बनता है साथ ही ग्राहकों को दुकान में अंदर आने के लिए आकर्षित नहीं करता है। दक्षिण की ओर खुलने वाला कैश बॉक्स हमेशा खाली–खाली रहता है। वायव्य कोण में बैठने वाले टिककर बैठ नहीं पाते हैं। मैंने चोपड़ा जी की दुकान (चित्र क्रमांक–3B) का प्रवेश द्वार पूर्व ईशान में करवाया साथ ही बैठक व्यवस्था नैऋत्य कोण में करवाकर कैश बॉक्स दाएं हाथ पर दक्षिण की दीवार से उत्तर दिशा की ओर खुल सके इस स्थिति में करवाया। कुछ ही समय बाद उनका व्यवसाय भी पहले की तरह सफलतापूर्वक चलने लगा और अन्य छोटी–मोटी समस्याएं भी समाप्त हो गयीं।

व्यापार में कई बार विभाजन की स्थिति बन जाती है। ज्यादातर विवाद पिता की मृत्यु के बाद पुत्रों में संपत्ति को लेकर पैदा होते हैं जिसके परिणामस्वरूप सबसे पहले संपत्ति, मकान, दुकान इत्यादि का विभाजन होता है। कई बार यह विभाजन अति विचित्र प्रकार के होते हैं। जब एक भागीदार अन्य भागीदारों को पैसा चुकाकर स्वामित्व प्राप्त कर लेता है तो स्थिति अच्छी रहती है पर जब संपत्ति का एक या एक से अधिक हिस्सों में विभाजन किया जाता है तो, कई बार वास्तु स्थिति दोषपूर्ण हो जाती है। अतः दुकान, मकान, कार्यालय,

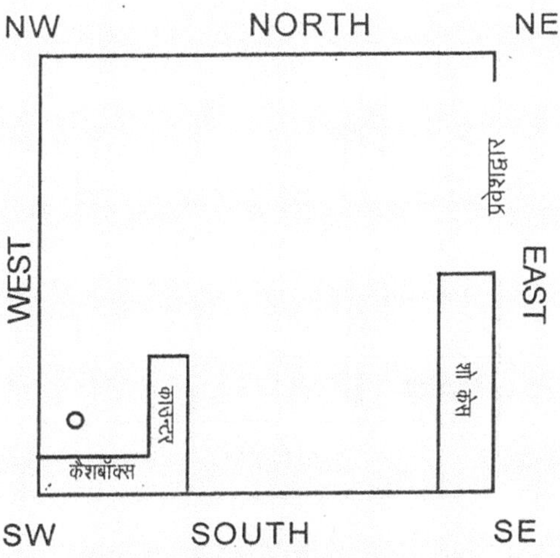

वास्तु अनुकूल दुकान
चित्र क्रमांक–1

फैक्टरी इत्यादि किसी भी स्थान के विभाजन के समय यह ध्यान रखना चाहिए कि विभाजन में वास्तुशास्त्र के नियमों की अवहेलना न हो। विभाजन के समय वास्तु नियमों का पालन नहीं करने से कई बार एक भागीदार सुखी रहता है तो दूसरा दुःखी रहता है। कभी–कभी दोनों भागीदार भी परेशान रहते हैं।

किसी भी दुकान का विभाजन करते समय वास्तु के एक महत्वपूर्ण सिद्धांत को हमेशा ध्यान रखिए कि विभाजन केवल समकोण आकार में किया जाए। विभाजन अनियमित आकार में न किया जाए। समकोण आकार की दुकान बड़ी हो या छोटी–सी गुमटीनुमा ही क्यों न हो, उसके अंदर की बनावट व उसका फर्नीचर वास्तु अनुरूप बनाया जा सकता है और अच्छा आर्थिक लाभ उठाकर सुख–समृद्धि भरा जीवन बिताया जा सकता है।

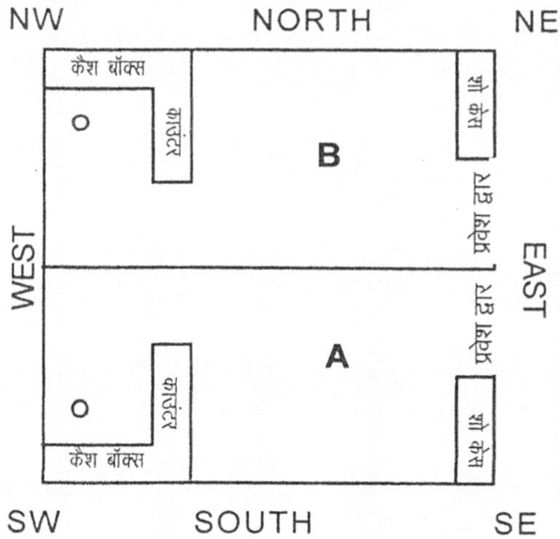

चित्र क्रमांक–2

A वास्तु अनुकूल दुकान

B वास्तु विपरीत दुकान

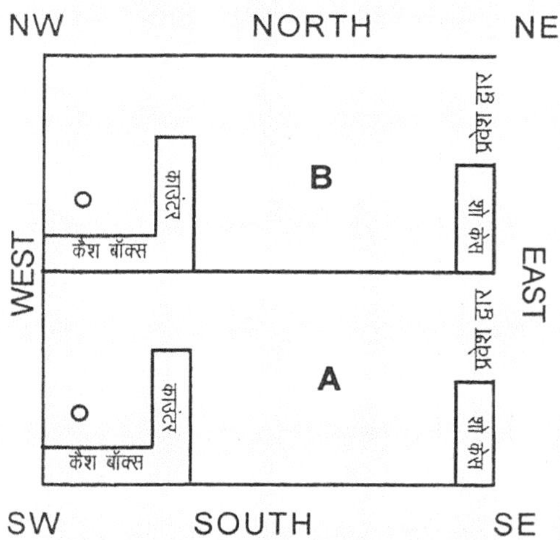

चित्र क्रमांक–3

A और **B** दोनों वास्तु अनुकूल दुकान

बेकरी उद्योग और वास्तु

पहले की तरह आजकल बेकरी में ब्रेड, टोस्ट, बिस्कुट, केक इत्यादि सिर्फ नाश्ते के आइटम ही नहीं बनते बल्कि विभिन्न प्रकार की खाने–पीने के कई पदार्थ जैसे–समोसा, कचौड़ी, केक, पिज्जा इत्यादि भी बनने लग गए हैं। अब तो बेकरी उद्योग में रोज नए–नए अनुसंधान की जरूरत होती है ताकि नए–नए बेकरी आइटम बनाकर बांजार में दिए जा सकें।

बेकरी में प्रयोग आने वाला मुख्य आइटम गेहूं का आटा और यीस्ट (खमीर) Wheat & Yeast होता है। इन्हें आपस में उचित मात्रा में मिलाकर, विभिन्न तापमान पर पकाकर कई प्रकार के बेकरी आइटम बनाए जाते हैं।

बेकरी का निर्माण करते समय निम्नलिखित वास्तु सिद्धांतों का पालन करने से बेकरी व्यवसाय को सफलतापूर्वक चलाकर अच्छा लाभ अर्जित किया जा सकता है।

- बेकरी समकोण आकार के प्लाट पर वास्तु अनुरूप निर्मित होना चाहिए।
- बेकरी में भूमिगत पानी का स्रोत ईशान कोण में ही रखना चाहिए ताकि वहां से पानी लेकर सीधा बेकरी में काम में लाया जा सके। ओवर हैड वॉटर टैंक दक्षिण या पश्चिम में बनाना चाहिए।
- फर्श का लेवल समतल या उत्तर, पूर्व एवं ईशान कोण में नीचा और दक्षिण, पश्चिम एवं नैऋत्य कोण में ऊंचा रहना चाहिए।
- यीस्ट का स्टॉक पूर्व आग्नेय कोण में करना चाहिए, और आटे का स्टॉक नैऋत्य कोण एवं पश्चिम दिशा में करना चाहिए।
- बेकरी में उपयोग में आने वाले एसेंस, कैमिकल, पूर्व या पूर्व आग्नेय में रखना चाहिए।
- बेकरी में केक, पेस्ट्री इत्यादि बनाने में अंडों का प्रयोग बहुत होता है और अंडे जल्दी खराब हो जाते हैं अतः इनका उपयोग जल्द से जल्द हो। इसलिए अंडे वायव्य कोण में रखना चाहिए।
- बेकरी में इस्तेमाल में आने वाली धातु की बनी लोहे, एल्यूमीनियम इत्यादि की ट्रे कभी भी ईशान कोण में नही रखनी चाहिए। खाली या भरी ट्रे रखने का स्टैंड दक्षिण में बनाया जा सकता है।

- बेकिंग के लिए भट्टी आग्नेय कोण में बनाना चाहिए और बेक करने के बाद सामान बाहर निकाल कर पैकिंग इत्यादि का काम दक्षिण दिशा में करना चाहिए।
- बेचने के लिए तैयार माल वायव्य कोण में रखना चाहिए।
- बेचने के लिए तैयार माल की डिलीवरी उत्तर या उत्तर वायव्य से होना चाहिए।
- यदि बेकरी में ही माल बेचने के लिए रिटेल आउटलेट बनाना हो तो, वायव्य कोण में बनाना चाहिए।
- बेकरी के मध्य भाग अर्थात् ब्रह्म स्थान को हल्का रखना चाहिए। मध्य क्षेत्र में किसी भी प्रकार की मशीन, कच्चा माल या तैयार माल नहीं रखना चाहिए।

वास्तु अनुरूप बेकरी

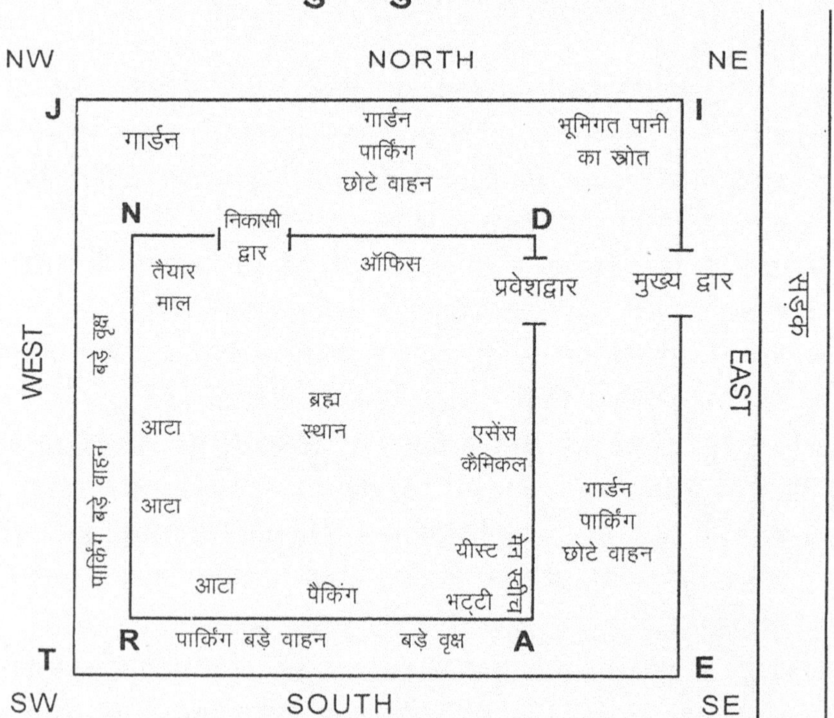

JITE बेकरी का भूखंड NDRA बेकरी का भवन

डेयरी उद्योग और वास्तु

मानव शरीर में ऊर्जा बढ़ाने में दूध महत्वपूर्ण भूमिका निभाता है। इसलिए सृष्टि के प्रारंभ से ही मानव जाति गाय, भैंस व अन्य पालतू जानवरों के दूध का उपयोग करता आ रहा है। जन्म से लेकर मृत्यु तक हम दूध का विभिन्न तरीकों से उपयोग करते हैं।

दूध की आपूर्ति में किसी प्रकार की परेशानी न हो इसलिए भारत की लगभग सभी प्रदेश सरकारों ने किसानों को एकजुट करके विभिन्न शहरों में दुग्ध संघों की स्थापना की है। इसके अलावा कई बड़े शहरों में आसपास के गांवों से दूध इकठ्ठा किया जाता है। जहां बड़ी–बड़ी डेयरियां बनाकर दूध का भंडारण बड़े पैमाने पर होने लगा है। वहां दूध व दूध से बने कई अन्य पदार्थ तैयार किए जाते हैं जैसे–घी, चीज, बटर, पनीर, श्रीखंड, दही, छाछ, इत्यादि। भारत की अमूल डेयरी ने तो विश्व में अपना एक विशेष स्थान बना लिया है।

डेयरी भवन का निर्माण करते समय निम्नलिखित वास्तु सिद्धांतों का पालन करने से डेयरी व्यवसाय को सफलतापूर्वक चलाकर अच्छा लाभ अर्जित किया जा सकता है।

- डेयरी भवन को समकोण आकार के प्लाट पर वास्तु अनुरूप निर्मित करना चाहिए।
- डेयरी में भूमिगत पानी का स्रोत ईशान कोण में ही रखना चाहिए और ओवर हैड वॉटर टैंक पश्चिम में रखना चाहिए।
- डेयरी के फर्श का लेवल समतल या उत्तर, पूर्व एवं ईशान कोण में नीचा और दक्षिण, पश्चिम एवं नैऋत्य कोण में ऊंचा रखना चाहिए।
- दूध का संग्रह भूमिगत करना हो तो, भवन के बाहर केवल पूर्व या पूर्व ईशान में करें। यदि जमीन के ऊपर बड़े टैंक बनाकर करना हो तो दक्षिण भाग में करें।
- दूध संग्रह के लिए उपयोग में आने वाले कैमिकल पूर्व आग्नेय कोण में रखें।
- दूध गरम करने की प्रक्रिया केवल दक्षिण आग्नेय कोण में ही करें।
- दूध से बनने वाले अन्य पदार्थों का निर्माण एवं उसकी प्रक्रिया दक्षिण भाग में करनी चाहिए।

- ❖ डेयरी में काम आने वाली भारी मशीनें नैऋत्य कोण में स्थापित करनी चाहिए एवं हल्की मशीनें पश्चिम में स्थापित करनी चाहिए।
- ❖ प्रशासनिक कार्यालय उत्तर दिशा में बनाना चाहिए और रिसेप्शन रूम पूर्व दिशा में बनाना चाहिए।
- ❖ पैकिंग इत्यादि का कार्य पश्चिम में करना चाहिए।
- ❖ पैकिंग के बाद सप्लाई के लिए तैयार दूध, दूध से बने अन्य पदार्थों का भंडारण वायव्य कोण में करें, ताकि उत्तर वायव्य से तैयार माल की निकासी हो।
- ❖ यदि डेयरी भवन में ही माल बेचने के लिए रिटेल आउटलेट बनाना हो तो वायव्य कोण में बनाना चाहिए।

वास्तु अनुरूप डेयरी

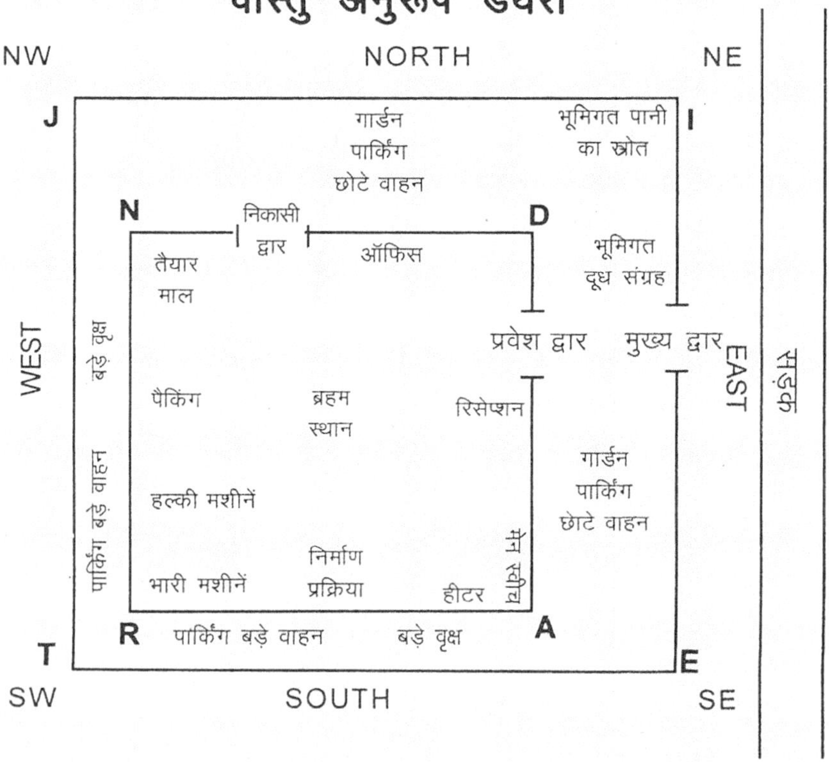

JITE डेयरी का भूखंड NDRA डेयरी का भवन

फ्लोर मिल और वास्तु

आजकल फ्लोर मिल का व्यवसाय काफी फल–फूल रहा है क्योंकि वर्तमान समय की भागदौड़ भरी दिनचर्या में समय के अभाव के कारण अनाज लाकर चक्की पर पिसवाने का समय किसी के पास नहीं है। इसलिए अब तो बाज़ार से तैयार आटा, बेसन, मैदा आदि लाने का चलन बढ़ता जा रहा है।

फ्लोर मिल में विभिन्न प्रकार के अनाज के छिलकों को अलग कर पीसा जाता है, और आटा बनाया जाता है।

फ्लोर मिल की स्थापना करते समय निम्नलिखित वास्तु सिद्धांतों का पालन करने से फ्लोर मिल व्यवसाय को सफलतापूर्वक चलाकर अच्छा लाभ अर्जित किया जा सकता है।

- ❑ फ्लोर मिल का भवन समकोण आकार के प्लाट पर वास्तु अनुरूप निर्मित होना चाहिए।
- ❑ फ्लोर मिल के फर्श का लेवल समतल या उत्तर, पूर्व एवं ईशान कोण में नीचा और दक्षिण, पश्चिम एवं नैऋत्य कोण में ऊंचा रहना चाहिए।
- ❑ फ्लोर मिल में भूमिगत पानी का स्रोत ईशान कोण में ही रखना चाहिए और ओवर हैड वॉटर टैंक पश्चिम में रखना चाहिए।
- ❑ इलैक्ट्रिक मीटर/जेनरेटर एवं अन्य विद्युत उपकरण आग्नेय कोण में स्थापित करने चाहिए।
- ❑ अनाज साफ करने के लिए हल्की मशीनें दक्षिण दिशा में स्थापित करनी चाहिए।
- ❑ अनाज पिसने के लिए भारी मशीनें दक्षिण नैऋत्य में स्थापित करनी चाहिए।
- ❑ पिसे हुए आटे की पैकिंग का कार्य पश्चिम दिशा में करना चाहिए। यदि पैकिंग मशीन से करनी हो तो मशीन पश्चिम दिशा में लगानी चाहिए।
- ❑ रोजाना पिसे जाने वाले अनाज का स्टॉक थोड़ी–थोड़ी मात्रा में पूर्व दिशा में लाकर रखना चाहिए ताकि प्रोडक्शन लाइन क्लॉक वाइज बनी रहे। यदि अधिक मात्रा में स्टॉक करना हो तो, पश्चिम में गोडाउन बनाकर करना चाहिए।
- ❑ सीजन में संग्रह किए गए अनाज का स्टॉक नैऋत्य कोण में गोडाउन बनाकर रखना चाहिए।
- ❑ अनाज को सुखाने का कार्य भवन के बाहर पूर्व दिशा में कंपाउंड वॉल के

अंदर किया जा सकता है। यदि प्लेटफार्म बनाकर सुखाने का कार्य करना हो तो यह कार्य नैऋत्य कोण में प्लेटफार्म बनाकर करनी चाहिए।

- बेचने के लिए तैयार आटे की बोरियां वायव्य कोण में रखनी चाहिए।
- माल तैयार होने की प्रक्रिया में निकलने वाला छिलका व अन्य वेस्टेज भी बेचने के लिए वायव्य कोण में रखने चाहिए।
- बेचने के लिए तैयार माल की निकासी केवल उत्तर वायव्य स्थित द्वार से करना चाहिए। कभी भी प्रवेश द्वार से नहीं करना चाहिए।
- यदि फ्लोर मिल भवन में तैयार आटा बेचने के लिए रिटेल आउटलेट बनाना हो तो वायव्य कोण में बनाना चाहिए।
- प्रशासनिक कार्यालय उत्तर दिशा में बनाना चाहिए और रिसेप्शन रूम पूर्व दिशा में बनाना चाहिए।

वास्तु अनुरूप फ्लोर मिल

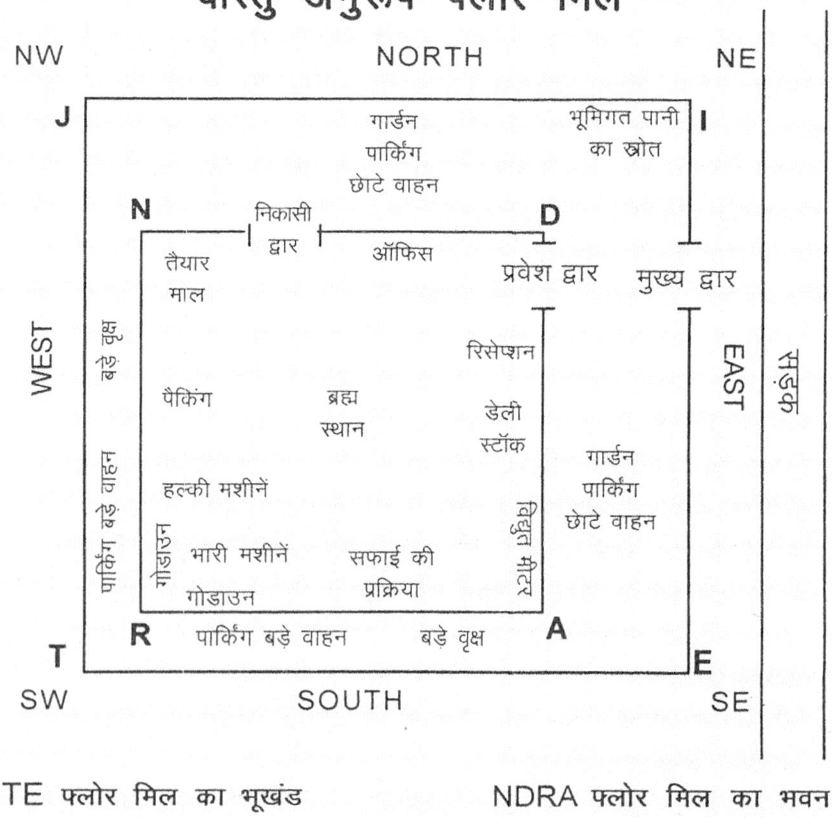

JITE फ्लोर मिल का भूखंड NDRA फ्लोर मिल का भवन

पोल्ट्री फार्म और वास्तु

जहां एक ओर पूरी दुनिया में शाकाहार को बढ़ावा दिया जा रहा है और मांसाहार का विरोध किया जा रहा है, वहीं दूसरी ओर पोल्ट्री फार्म का व्यवसाय पूरे विश्व में तेजी से अपने पंख फैलाता हुआ बढ़ता ही जा रहा है। भारत में भी लगभग सभी प्रदेशों में पोल्ट्री फार्म के व्यवसाय को बढ़ाने में सरकारी अनुदान का सहयोग मिलता है। टी.वी. एवं अन्य सूचना माध्यम से अंडे खाने का प्रचार जोर–शोर से किया जाता है। जैसे–संडे हो या मंडे, रोज खाओ अंडे। भारत में लगभग 30,000 मिलियन अंडे प्रतिवर्ष पैदा किए जाते हैं। आज विश्व में भारत का अंडे के उत्पादन में छठा स्थान है।

यदि किसी पोल्ट्री फार्म का डिजाइन वास्तु अनुरूप किया जाए तो निश्चित रूप से बर्ड्स व उनके अंडों की अच्छी पैदावार करके अधिक लाभ प्राप्त किया जा सकता है और पोल्ट्री फार्म पर होने वाली बर्ड्स में महामारी से होने वाली अकाल मृत्यु में काफी कमी की जा सकती है।

- पोल्ट्री फार्म समकोण आकार के प्लाट पर बनाना चाहिए।
- पोल्ट्री फार्म की जमीन का लेवल समतल या उत्तर, पूर्व एवं ईशान कोण में नीचा और दक्षिण, पश्चिम एवं नैऋत्य कोण में ऊंचा रहना चाहिए।
- पोल्ट्री फार्म में भूमिगत पानी का स्रोत ईशान कोण में ही रखना चाहिए और ओवर हैड वॉटर टैंक पश्चिम में रखना चाहिए।
- बर्ड्स को रखने के लिए पिंजरे या कमरे फार्म के पश्चिम भाग में बनाने चाहिए। इन कमरों की सीमेंट छत की ढाल दो तरफा न देकर केवल पूर्व दिशा की ओर ही रखनी चाहिए। यदि पोल्ट्री फार्म मल्टी स्टोरी बनाना हो तो पक्की छत बनाना उचित रहता है। परंतु सबसे ऊपर वाली छत का ढाल पूर्व की ओर होना चाहिए। बर्ड्स रखने के कमरे खुले व हवादार होने चाहिए।
- पोल्ट्री फार्म में इलैक्ट्रिक मीटर/जेनरेटर एवं अन्य विद्युत उपकरण आग्नेय कोण में स्थापित करना चाहिए।
- पिंजरों में बर्ड्स इस प्रकार रखना चाहिए कि उनका मुंह पूर्व या उत्तर दिशा की ओर हों।
- बर्ड्स को पीने के लिए, पानी की पाइप लाइन पिंजरे की उत्तर या पूर्व दिशा में रखना चाहिए। खाने की व्यवस्था भी इसी दिशा में करनी चाहिए।
- बर्ड्स के लिए रासायनिक भोजन का स्टॉक आग्नेय कोण में रखना चाहिए।

बर्ड्स के लिए दाने का स्टॉक रूम दक्षिण नैऋत्य में बनाना चाहिए।

- बर्ड्स क्रॉसिंग (Copulations) की व्यवस्था दक्षिण या पश्चिम में करनी चाहिए।
- मध्य आकार के बर्ड्स दक्षिण में रखे जा सकते है और पूर्णतः तैयार बर्ड्स मध्य पश्चिम में रखना चाहिए।
- अंडों का स्टॉक वायव्य कोण में करना चाहिए। बेचने के लिये बर्ड्स एवं उनके तैयार मांस की ट्रांसपोर्ट व्यवस्था उत्तर या उत्तर वायव्य से करनी चाहिए।
- पोल्ट्री फार्म में मांस तैयार करने की व्यवस्था दक्षिण भाग में करनी चाहिए।
- बर्ड्स के लिए खाने के पदार्थ का स्टॉक दक्षिण में किया जा सकता हैं
- पोल्ट्री फार्म में माल बेचने के लिए रिटेल आउटलेट बनाना हो तो, भवन के वायव्य कोण में बनाना चाहिए।
- प्रशासनिक कार्यालय उत्तर दिशा में बनाना चाहिए और रिसेप्शन रूम पूर्व दिशा में बनाना चाहिए।

वास्तु अनुरूप पोल्ट्री फार्म

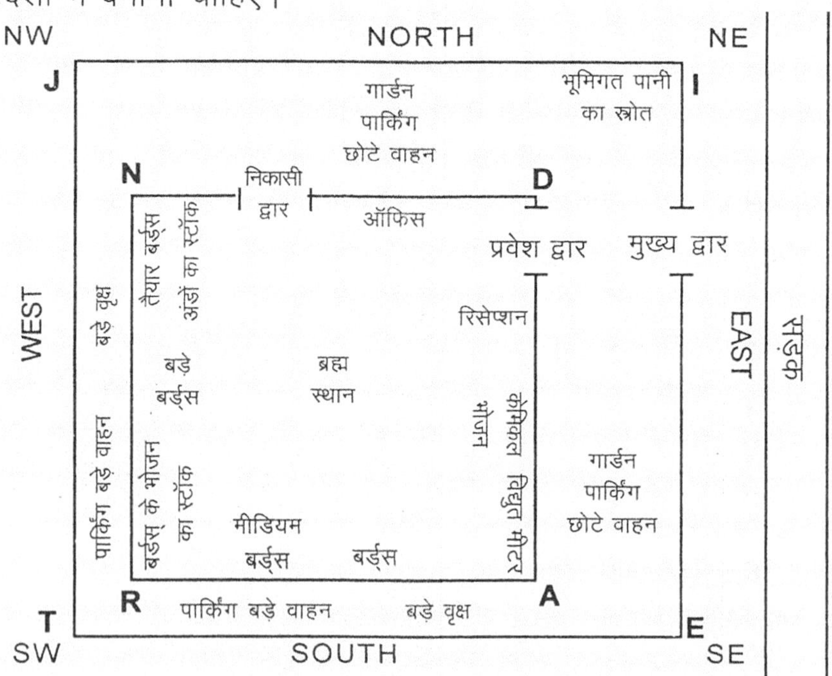

JITE पोल्ट्री फार्म का भूखंड NDRA पोल्ट्री फार्म का भवन

स्टोन क्रशर और वास्तु

वर्तमान युग में बनने वाली गगनचुंबी इमारतें सीमेंट कांक्रीट के कॉलम, बीम व छत के आधार पर बनती हैं। इनमें सीमेंट के साथ विभिन्न आकार के क्रश किए हुए स्टोन का प्रयोग किया जाता है। बड़े बोल्डर्स को स्टोन क्रशर मशीनों में क्रश करके विभिन्न आकार की गिट्टी बनायी जाती हैं। आजकल स्टोन क्रशर भारत के लगभग हर छोटे–बड़े शहर में लगे हुए हैं। इस उद्योग का एक महत्वपूर्ण लाभ और भी है कि इस व्यवसाय में अकुशल मजदूरों को रोजगार मिलता है जिससे उनके परिवार की जीविका चलती है।

सामान्यतः देखा जाता है कि क्रशर मशीनें खराब होती रहती हैं कभी मशीनें तो कभी उनके बेल्ट टूटते रहते है। कई बार मजदूरों के साथ आकस्मिक दुर्घटनाएं भी होती रहती हैं जिस कारण जान–माल का नुकसान हो जाता है।

यदि इन स्टोन क्रशर की स्थापना वास्तु सिद्धांतों के अनुरूप किया जाए तो उपरोक्त समस्याओं में काफी कमी की जा सकती है व अच्छा लाभ कमाया जा सकता है।

- ❖ स्टोन क्रशर ज्यादातर वहीं लगाए जाते है जहां खदानें होती हैं। खदान में बोल्डर खुदाई का काम क्रशर मशीन के उत्तर, पूर्व या ईशान कोण में होना चाहिए। क्रशर मशीन दक्षिण, पश्चिम या नैऋत्य कोण में होना चाहिए। यह वास्तु अनुकूल व्यवस्था करना मालिक एवं मजदूरों के लाभ व सुरक्षा के लिए अत्यंत आवश्यक है। इसके विपरीत व्यवस्था होने पर आर्थिक हानि होने के साथ–साथ खदान में दुर्घटनाओं से मृत्यु भी हो सकती है।
- ❖ स्टोन क्रशर मशीन संभावित बाउंड्री के अंदर दक्षिण दिशा में स्थापित करनी चाहिए। यदि एक से अधिक क्रशर लगाने हों तो उन्हें भी दक्षिण दिशा में ही स्थापित करें। यदि विभिन्न आकार के क्रशर हों तो सबसे बड़ा क्रशर दक्षिण नैऋत्य की तरफ और सबसे छोटा दक्षिण आग्नेय की तरफ स्थापित करना चाहिए।
- ❖ बोल्डर क्रश करने के बाद मशीन से गिट्टी ले जाने के बेल्ट, इस प्रकार लगाना चाहिए कि प्रोडक्शन लाइन क्लॉक वाइज बनी रहे।
- ❖ भारी मात्रा में बड़े–बड़े बोल्डर का स्टॉक केवल नैऋत्य कोण में ही करना चाहिए।

- ❖ क्रश की हुई गिट्टी का स्टॉक पश्चिम में करना चाहिए। कभी भी यह गिट्टी का ढेर नैऋत्य कोण के ढेर से ऊंचा नहीं होना चाहिए।
- ❖ मध्य अर्थात् ब्रह्म स्थान हमेशा खाली रखना चाहिए।
- ❖ क्रशर चलाने के लिए बिजली का मीटर या अन्य विद्युत उपकरण आग्नेय कोण में लगाना चाहिए।
- ❖ भूमिगत पानी की व्यवस्था ईशान कोण में करनी चाहिए इससे पानी मिलने के साथ–साथ मालिक व मजदूरों को अच्छा आर्थिक लाभ मिलता है। ईशान कोण में कभी भी बोल्डर या गिट्टी का स्टॉक नहीं करना चाहिए।
- ❖ क्रश किये पत्थर की डिलीवरी के लिए ट्रक, डंपर इत्यादि वाहन उत्तर दिशा में खड़े करके भरना चाहिए। ध्यान रहे, गिट्टी की डिलीवरी के लिए निकलने वाले वाहन कभी भी नैऋत्य कोण से बाहर न निकालें।
- ❖ मजदूरों के आराम के लिए बैठने की व्यवस्था पूर्व में की जा सकती है।
- ❖ यदि छोटा–सा ऑफिस बनाना चाहें तो उत्तर दिशा में बना सकते हैं।

वास्तु अनुरूप स्टोन क्रशर कंपाउंड

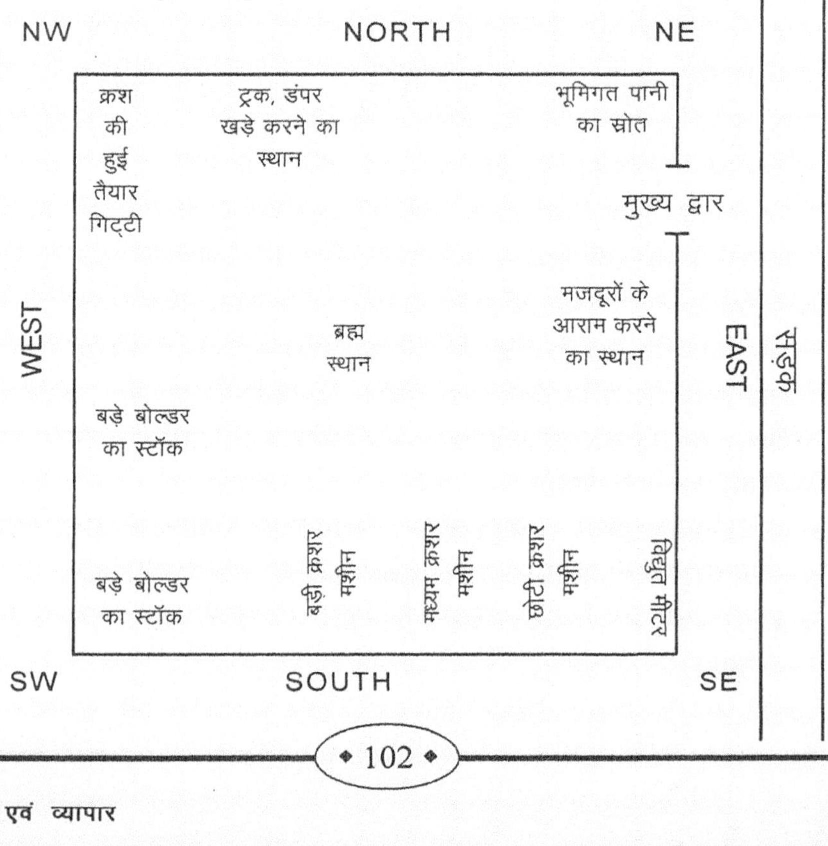

सॉ मिल और वास्तु

मकान, दुकान, कारखाने इत्यादि में खिड़कियां, दरवाजे, छत, फर्नीचर इत्यादि बनाने के लिए पहली आवश्यकता लकड़ी की होती है। इस कारोबार में हमारे देश के लाखों कुशल कारीगरों को रोजगार मिला हुआ है। लकड़ी के बड़े–बड़े लठ्ठों को सॉ मिल में लाकर आवश्यकतानुसार विभिन्न आकार में चीरा जाता है ताकि उनसे विभिन्न आकार–प्रकार के दरवाजे, खिड़कियां, फर्नीचर इत्यादि बनाए जा सकें।

देखने में आया है कि अधिकांश सॉ मिल वाले कुशल कारीगरों की समस्या, मशीन के खराब होने से एवं आकस्मिक दुर्घटनाओं से परेशान रहते हैं। कई सॉ मिल वालो की आर्थिक स्थिति भी खराब रहती है। यदि इन सॉ मिलों को वास्तु अनुरूप लगाया जाए तो निश्चित रूप से उपरोक्त समस्याओं में काफी राहत पाई जा सकती है एवं अच्छा लाभ प्राप्त किया जा सकता है।

- सॉ मिल समकोण आकार के प्लॉट पर स्थापित करना चाहिए।
- सॉ मिल के फर्श का लेवल समतल या उत्तर, पूर्व एवं ईशान कोण में नीचा और दक्षिण, पश्चिम एवं नैऋत्य कोण में ऊंचा रहना चाहिए।
- सॉ मिल में भूमिगत पानी का स्रोत ईशान कोण में अवश्य बनाना चाहिए। ऐसा करने से सॉ मिल मालिक व कर्मचारियों को अच्छा आर्थिक लाभ होता रहता है।
- इलैक्ट्रिक मीटर/जेनरेटर एवं अन्य विद्युत उपकरण आग्नेय कोण में स्थापित करने चाहिए।
- लकड़ी के लठ्ठों को कभी भी उत्तर, पूर्व या ईशान कोण में नहीं रखना चाहिए। इनकी लठ्ठों की थप्पी नैऋत्य कोण, दक्षिण या पश्चिम दिशा में करनी चाहिए। इनमें से भी ऊंची थप्पी हमेशा नैऋत्य कोण में लगानी चाहिए।
- मध्य अर्थात् ब्रह्म स्थान हमेशा खाली रखना चाहिए।
- लकड़ी चीरने की मशीन सॉ मिल के दक्षिण में दक्षिण आग्नेय के पास रखनी चाहिए। इस पर काम करने वाले कारीगर को पूर्व या उत्तर मुखी होकर काम करना चाहिए। यहां इस दिशा में एक से अधिक मशीन भी लगाई जा सकती है। यदि विभिन्न आकार की मशीन हो तो, दक्षिण आग्नेय से छोटी मशीन प्रारंभ करके नैऋत्य कोण में बड़ी मशीन लगानी चाहिए।

- लकड़ी चीरने के बाद बेचने के लिए तैयार लकड़ी का स्टॉक प्लॉट के वायव्य कोण में करना चाहिए।
- सप्लाई के लिए तैयार लकड़ी को ले जाने के लिए ठेले, ऑटो, मेटाडोर इत्यादि उत्तर दिशा में खड़े करके माल भरना चाहिए।
- लकड़ी चीरते समय निकलने वाले लकड़ी के बुरादे का स्टॉक आग्नेय कोण के पास मशीन के वायव्य कोण में करना चाहिए।
- सॉ मिल के ऊपर कभी भी पूर्व–पश्चिम या उत्तर–दक्षिण की ओर दो ढाल वाली छत नहीं बनानी चाहिए। केवल पूर्व या उत्तर की ओर एक ढाल वाली छत का निर्माण करना चाहिए।
- सॉ मिल मालिक का कार्यालय उत्तर दिशा में बनाना चाहिए जहां वह पूर्व मुखी होकर बैठ सके।
- कभी भी सॉ मिल के मुख्य प्रवेश द्वार के सामने लकड़ी के लठ्ठे रखकर रुकावट पैदा नहीं करनी चाहिए।

वास्तु अनुरूप सॉ मिल

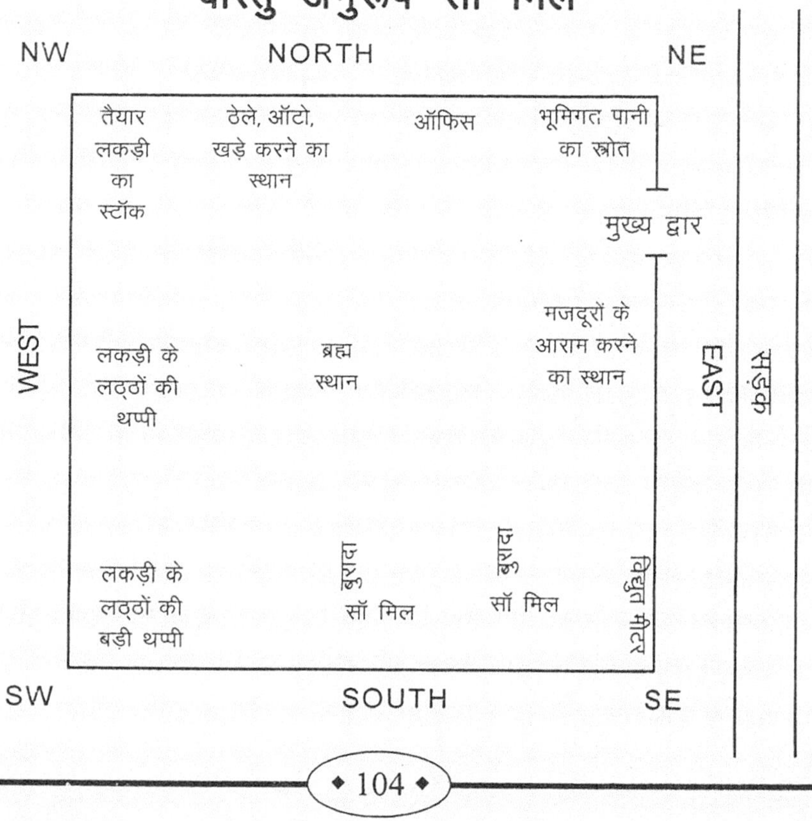

पैकिंग इंडस्ट्री और वास्तु

पैकिंग के बॉक्सेस की जबर्दस्त बढ़ती मांग के कारण भारत के हर बड़े शहर में पैकिंग इंडस्ट्रीज की स्थापना बड़ी तेजी से हो रही है। किसी सामान का एक स्थान से दूसरे स्थान पर सुरक्षित पहुंचाने के लिए उसकी सही पैकिंग की आवश्यकता होती है। सही पैकिंग नहीं होने से सामान की टूट–फूट होने के कारण बहुत नुकसान होता है। विभिन्न प्रकार की वस्तुओं के लिए पैकिंग बॉक्सेस भी विभिन्न आकार, प्रकार, वजन व मटेरियल के बनाने पड़ते हैं।

यदि पैकिंग इंडस्ट्री वास्तु अनुरूप बनाई जाए तो अच्छी प्रतिष्ठा एवं लाभ प्राप्त किया जा सकता है।

- पैकिंग इंडस्ट्री का भवन समकोण आकार के प्लाट पर समकोण आकार का बनाना चाहिए।
- पैकिंग इंडस्ट्री के फर्श का लेवल समतल या उत्तर, पूर्व एवं ईशान कोण में नीचा और दक्षिण, पश्चिम एवं नैऋत्य कोण में ऊंचा रहना चाहिए।
- पैकिंग इंडस्ट्री में भूमिगत पानी का स्रोत ईशान कोण में बनाना चाहिए। पानी की आवश्यकता इंडस्ट्री में भी पड़ती है और ईशान कोण में भूमिगत पानी का स्रोत बनाने से पैकिंग इंडस्ट्री के मालिक व कर्मचारियों को अच्छा आर्थिक लाभ होता रहता है।
- पैकिंग इंडस्ट्री में इलेक्ट्रिक मीटर/जेनरेटर एवं अन्य विद्युत उपकरण आग्नेय कोण में स्थापित करने चाहिए।
- पैकिंग के बक्से बनाने में विभिन्न प्रकार के कैमिकल व मटेरियल की जरूरत पड़ती है। इसका स्टॉक केवल नैऋत्य कोण एवं पश्चिम दिशा में करना चाहिए। केमिकल पूर्व आग्नेय में रखना चाहिए। ध्यान रहे इनमें से अधिक भारी स्टॉक को नैऋत्य कोण में रखना चाहिए।
- रोजाना के उत्पादन के लिए जरूरत के हिसाब से उपयोग में आने वाला स्टॉक थोड़ा–थोड़ा पूर्व आग्नेय के पास लाकर रखा जा सकता है।
- बक्से बनाने में उपयोग आने वाली कटिंग व पेस्टिंग मशीनें इत्यादि मशीनें दक्षिण में इस प्रकार लगानी चाहिए की प्रोडक्शन लाईन क्लॉक वाइज बनी रहे।

- सप्लाई के लिए तैयार बक्सों का स्टॉक केवल वायव्य कोण में करना चाहिए ताकि माल जल्द से जल्द सप्लाई हो सके।
- माल ले जाने के लिए वाहनों की पार्किंग दक्षिण या पश्चिम दिशा में करनी चाहिए।
- मध्य अर्थात् ब्रह्म स्थान हमेशा खाली रखना चाहिए।
- पैकिंग इंडस्ट्री का प्रशासनिक कार्यालय उत्तर दिशा में बनाना चाहिए और रिसेप्शन रूम पूर्व दिशा में बनाना चाहिए।

वास्तु अनुरूप पैकिंग इंडस्ट्री

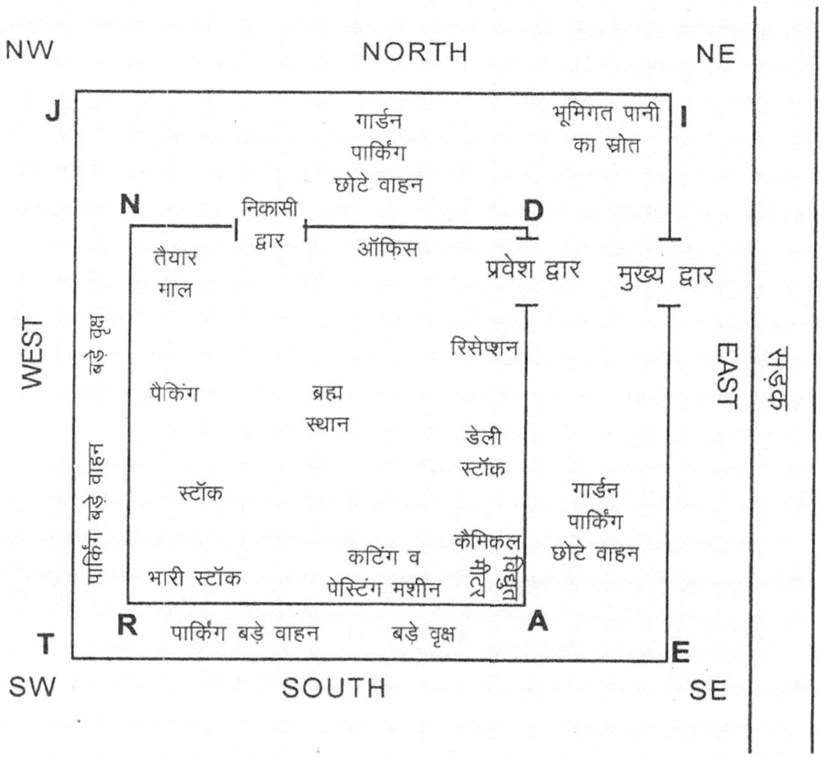

JITE पैकिंग इंडस्ट्री का भूखंड   NDRA पैकिंग इंडस्ट्री का भवन

कोचिंग सेन्टर और वास्तु

आज भारत के सभी छोटे–बड़े शहरों में सुनहरे भविष्य की राह तलाशते युवाओं के लिये कोचिंग सेन्टर का महत्त्व तेजी से बढ़ता जा रहा है। जहां युवा उचित मार्गदर्शन में अच्छी शिक्षा पाकर ऊंचे पदों पर आकर्षक नौकरियां प्राप्त कर रहे हैं।

छात्रों को गुणवत्तापूर्ण शिक्षा के लिये अच्छे कोचिंग सेन्टर की तलाश रहती है, जो उनकी कसौटी पर खरा उतरें और उनके लक्ष्य की प्राप्ति में सच्चा मार्गदर्शक साबित हो सकें।

यदि कोचिंग सेन्टर की साज–सज्जा एवं बैठक व्यवस्था वास्तु अनुरूप की जाये, तो निश्चित ही वहां अध्ययन करने वाले छात्रों को उनकी योग्यता के अनुसार सफलता मिलेगी व सेन्टर के संचालकों को उचित लाभ व प्रसिद्धि प्राप्त होगी।

➤ क्लास रूम की लंबाई और चौड़ाई 1 : 2 के प्रमाण से अधिक न हो। कोचिंग सेन्टर के सभी कमरे समकोण होने चाहिए। कोचिंग सेन्टर बेसमेन्ट या पतली गली में नहीं होना चाहिये।

➤ सेन्टर के फर्श का लेवल समतल अथवा उत्तर, पूर्व एवं ईशान कोण में नीचा और दक्षिण, पश्चिम एवं नैऋत्य कोण में ऊंचा रहना चाहिए।

➤ क्लास में ब्लैक बोर्ड पश्चिम या दक्षिण की तरफ हो। यहां चाहे तो शिक्षक के खड़े होने के लिए एक–डेढ़ फीट ऊँचा प्लेटफार्म भी बना सकते हैं।

➤ सेन्टर का प्रवेश द्वार पूर्व ईशान, दक्षिण आग्नेय, पश्चिम वायव्य या उत्तर ईशान में ही होना चाहिए। कभी भी पूर्व आग्नेय, दक्षिण, पश्चिम नैऋत्य या उत्तर वायव्य में नहीं होना चाहिए। दरवाजा हमेशां दो पल्ले का अंदर की ओर खुलने वाला हो।

- सेन्टर में टायलेट वायव्य कोण में बनाना चाहिये कभी भी ईशान कोण में नहीं बनाना चाहिये।
- सेन्टर की दीवारों एवं पर्दों का रंग हल्का हरा, हल्का नीला होना चाहिए या सेन्टर की दीवारों व पर्दों का कलर लाइट रखना चाहिए। इससे वहां कार्यरत अध्ययन करने व कराने वालों के दिमाग में शांति रहती है। गहरे रंग उग्रता लाते हैं।
- कोचिंग सेन्टर के बाहर लकड़ी, प्लास्टिक या किसी धातु से बना सेन्टर का खूबसूरत साइनबोर्ड अवश्य लगाना चाहिए, जो आपके यहां आने जाने वालो को अच्छी तरह दिखाई दे सके। आकर्षक साइनबोर्ड लगाने से सेन्टर की प्रसिद्धि में वृद्धि होती है। बोर्ड पर उचित रोशनी की व्यवस्था भी करनी चाहिये।
- कोचिंग सेन्टर का कार्यालय भवन के पूर्व में हो। जहां प्रवेश देने का एवं फीस लेने का कार्य होता हो। कोचिंग सेन्टर की स्टेशनरी भवन के दक्षिण या पश्चिम में ही रखनी चाहिए। लायब्रेरी भवन के पश्चिम में होनी चाहिए।
- क्लास रूम का दरवाजा इस प्रकार हो कि शिक्षक व छात्र दोनों ही दरवाजे की तरफ पीठ करके अध्ययन या अध्यापन न करें। सेन्टर के संचालक को उत्तर या पूर्व दिशा की ओर मुंह करके कक्ष की दक्षिण या पश्चिम दिशा में बैठना चाहिए।
- सेन्टर में काउंसलिंग के लिये आये छात्रों के बैठने के लिए चेयर उत्तर या पूर्व दिशा में रखनी चाहिए।
- सेन्टर पर किसी भी छात्र को बीम या परछत्ती के नीचे बैठकर प्रेक्टीस नहीं करनी चाहिए, इससे मानसिक तनाव उत्पन्न होता है। यदि जगह के अभाव के कारण बीम के नीचे बैठकर कार्य करना मजबूरी हो, तो फेंग शुई के अनुसार बीम के दोनों ओर 2 बांसुरी लाल रिबन में बांधकर 45^0 कोण में लगाकर इस दोष को दूर किया जा सकता है।
- क्लास रूम में सफल एवं प्रसिद्ध व्यक्तियों के सुंदर फोटो होने चाहिए, ताकि छात्र उनसे प्रेरणा ले सकें।

- सेन्टर के किसी भी कमरे की दीवारों एवं परदों पर कहीं भी हिंसक पशु–पक्षियों के, उदासी भरे, रोते हुए, डूबते हुए सूरज या जहाज के, ठहरे हुए पानी की तस्वीरें, पेंटिंग या मूर्तियां न लगाएं, यह छात्रों के जीवन में निराशा पैदा करती हैं। जिससे कार्य क्षमता प्रभावित होती है।
- सेन्टर में किसी भी प्रकार की बंद पड़े कम्प्यूटर, प्रिन्टर, घड़ी, टेलीफोन, फैक्स, फोटोकॉपी मशीन इत्यादि नहीं होने चाहिए। यह बंद पड़ी चीजें वहां के छात्रों के अध्ययन में रुकावटें पैदा करती हैं।

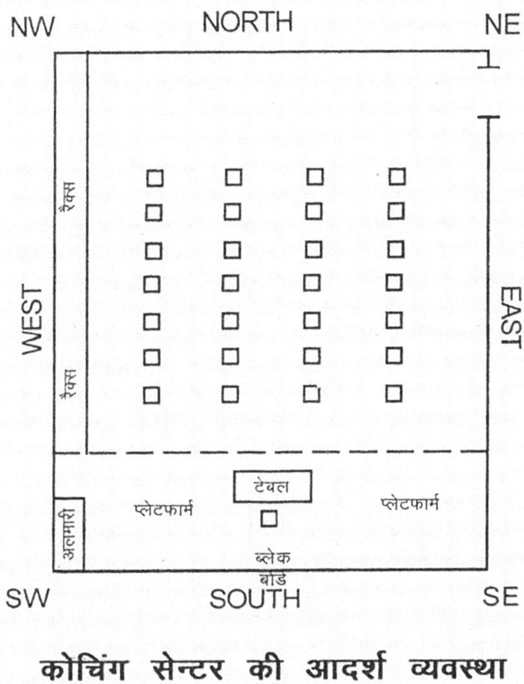

कोचिंग सेन्टर की आदर्श व्यवस्था

कम्प्यूटर ट्रैनिंग सेन्टर और वास्तु

भारतीय आई. टी. प्रोफेशनल्स की मांग आज भारत में ही नहीं विदेशों में भी है। हमारे देश में आज भी हजारों कम्प्यूटर नेटवर्किंग टेक्नीशियन एवं इंजीनियर्स की आवश्यकता है। कम्प्यूटर के क्षेत्र में रोजगार की बढ़ती संभावना को देखते हुए कम्प्यूटर ट्रैनिंग सेन्टर का महत्त्व दिन प्रतिदिन बढ़ता ही जा रहा है। जहाँ युवा अनुभवी फेकल्टी के निर्देशन में उच्च स्तरीय कम्प्यूटर ट्रैनिंग पाते हैं।

उच्च स्तरीय कम्प्यूटर ट्रैनिंग प्राप्त युवाओं को देश व विदेशों में अच्छी नौकरियां बड़ी आसानी से प्राप्त हो जाती है जहां वे अच्छे वेतन के साथ–साथ सर्वसुविधायुक्त जीवन जीने का आनन्द भी उठाते हैं।

यदि कम्प्यूटर ट्रैनिंग सेन्टर की साज–सज्जा वास्तुअनुरूप की जाये तो निश्चित ही वहां ट्रैनिंग लेने वाले छात्रों का भविष्य उज्ज्वल होगा। उनके संचालकों को आर्थिक लाभ के साथ ही उनके सेन्टर की प्रतिष्ठा भी खूब बढ़ेगी।

- कम्प्यूटर ट्रैनिंग सेन्टर वर्गाकार या आयताकार अर्थात् समकोण कमरे में संचालित करना चाहिए। कभी भी अनियमित आकार के कमरे में संचालन नहीं करना चाहिये। सेन्टर बेसमेंट या पतली गली में नहीं बनाना चाहिए।
- सेन्टर का प्रवेश द्वार पूर्व ईशान, दक्षिण आग्नेय, पश्चिम वायव्य या उत्तर ईषान में ही होना चाहिए। कभी भी पूर्व आग्नेय, दक्षिण, पश्चिम नैऋत्य या उत्तर वायव्य में नहीं होना चाहिए।
- सेन्टर के फर्श का लेवल समतल अथवा उत्तर, पूर्व एवं ईषान कोण में नीचा और दक्षिण, पश्चिम एवं नैऋत्य कोण में ऊंचा रहना चाहिए।

- सेन्टर में पूजा का स्थान व पीने का पानी ईषान कोण में ही रखना चाहिए। यहाँ ईशान कोण में डिस्प्ले बोर्ड भी लगाया जा सकता है।
- सेन्टर में टायलेट, बाथरूम व पेन्ट्री वायव्य कोण में बनाना चाहिये, कभी भी ईशान कोण में नहीं बनाना चाहिये।
- सेन्टर में किताबें, स्टेशनरी आदि रखने के ऊंचे रैक्स दक्षिण या पश्चिम दिशा में और कम ऊंचाई के रैक्स उत्तर एवं पूर्व दिशा में बनाने चाहिए।
- सेन्टर की दीवारों एवं पर्दों का रंग हल्का हरा, हल्का नीला होना चाहिए या सेन्टर की दीवारों व पर्दों का कलर लाइट रखना चाहिए। इससे वहां कार्यरत अध्ययन करने व कराने वालो के दिमाग में शांति रहती है। गहरे रंग उग्रता लाते हैं।
- सेन्टर के बाहर लकड़ी, प्लास्टिक या किसी धातु से बना सेन्टर का खूबसूरत साइनबोर्ड अवश्य लगाना चाहिए, जो आपके यहां आने जाने वालो को अच्छी तरह दिखाई दे सके। आकर्षक साइनबोर्ड लगाने से सेन्टर की प्रसिद्धि में वृद्धि होती है। बोर्ड पर उचित रोशनी की व्यवस्था भी करनी चाहिये।
- कम्प्यूटर की टेबल का वर्गाकार या आयताकार होना अच्छा रहता है। टेबल इस प्रकार रखी जानी चाहिए कि उस पर कार्य करने वाला दरवाजे से अंदर प्रवेश करने वाले को भली–भांति देख सके। सेन्टर में छात्रों के कम्प्यूटर के सामने बैठने की व्यवस्था इस प्रकार हो कि उनकी पीठ दरवाजे की तरफ न हो।
- सेन्टर में कम्प्यूटर इस प्रकार लगाने चाहिये, कि कम्प्यूटर सीखते समय छात्र पूर्वोन्मुखी या उत्तरोन्मुखी रहें।
- सेन्टर पर किसी भी छात्र को बीम या परछत्ती के नीचे बैठकर प्रेक्टीस नहीं करना चाहिए, इससे मानसिक तनाव उत्पन्न होता है। यदि जगह के अभाव के कारण बीम के नीचे बैठकर कार्य करना मजबूरी हो, तो फेंग शुई के अनुसार बीम के दोनों ओर 2 बांसुरी लाल रिबन में बांधकर 45^0 कोण में लगाकर इस दोष को दूर किया जा सकता है।
- यदि सेन्टर में प्रोजेक्टर लगाकर पढ़ाने का कार्य भी करना हो, तो

दक्षिण की दीवार पर प्रोजेक्टर लगाकर किया जाना चाहिये।

- सेन्टर के संचालक को उत्तर या पूर्व दिशा की ओर मुंह करके कक्ष की दक्षिण या पश्चिम दिशा में बैठना चाहिए।
- सेन्टर के किसी भी कमरे की दीवारों एवं परदों पर कहीं भी हिंसक पशु–पक्षियों के, उदासी भरे, रोते हुए, डूबते हुए सूरज या जहाज के, ठहरे हुए पानी की तस्वीरें, पेंटिंग या मूर्तियां न लगाएं, यह छात्रों के जीवन में निराशा पैदा करती हैं। जिससे कार्य क्षमता प्रभावित होती है।
- सेन्टर में किसी भी प्रकार की बंद पड़े कम्प्यूटर, प्रिन्टर, घड़ी, टेलीफोन, फैक्स, फोटोकॉपी मशीन इत्यादि नहीं होने चाहिए। यह बंद पड़ी चीजें वहां के छात्रों के अध्ययन में रुकावटें पैदा करती हैं।

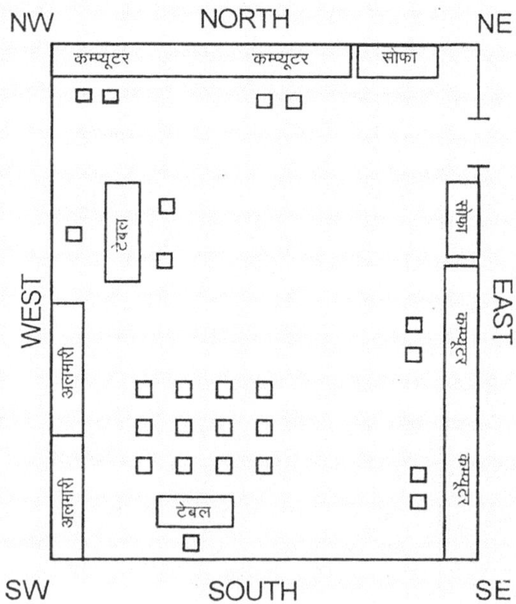

कम्प्यूटर सेंटर की आदर्श व्यवस्था

वास्तु प्रश्नोत्तरी – उद्योग

प्रश्न : जब से हमने फैक्टरी शुरू की है तभी से हमारी फैक्टरी में लेबर प्राब्लम चल रही है। फैक्टरी में आग की वजह से छोटी–छोटी दुर्घटनाएं भी होती रहती हैं। क्या कारण है?

उत्तर : लगता है कि आपकी फैक्टरी का दक्षिण आग्नेय भाग बढ़ा होने के साथ–साथ नीचा भी है।

प्रश्न : तीन साल फैक्टरी चलाने के बाद जबर्दस्त नुकसान हो जाने के कारण फैक्टरी बंद करनी पड़ी। क्या कारण हो सकता है?

उत्तर : लगता है आपकी फैक्टरी की बिल्डिंग व प्लॉट का नैऋत्य कोण नीचा है या वहां पर कोई भूमिगत पानी का स्रोत जैसे–कुआं, टंकी या बोरिंग इत्यादि है और साथ ही बिल्डिंग का नैऋत्य कोण 90 डिग्री से कम है।

प्रश्न : जब से कारखाना शुरू किया है तब से लगातार नुकसान चल रहा है। क्या कारखाने का वास्तु खराब है?

उत्तर : संभव है कि आपके कारखाने का प्रवेश द्वार दक्षिण नैऋत्य में होगा। ऊपर जाने की सीढ़ियां वायव्य कोण में होगी। उत्तर या पूर्व दिशा में कोई खिड़की, दरवाजा या रोशनदान भी नहीं होगा।

प्रश्न : उद्योग प्रारंभ होते ही कई समस्याएं पैदा हो गई हैं। इसके लिए हमने बैंक से कर्ज लिया था अब बैंक ने उस पर कब्जा कर लिया है।

उत्तर : आपके औद्योगिक भवन का प्लॉट उत्तर, पूर्व एवं ईशान कोण की तुलना में दक्षिण, पश्चिम एवं नैऋत्य कोण में नीचा होगा। औद्योगिक भवन प्लॉट के उत्तर, पूर्व एवं ईशान कोण में बना होगा। सड़क उत्तर या पश्चिम दिशा में होगी। इसी कारण यह समस्या हो सकती है।

प्रश्न : फैक्टरी की बिल्डिंग बन जाने के बाद अभी मशीनें लग ही

रही थी कि, कर्जदारों ने फैक्टरी पर कब्जा कर लिया। क्या कारण हो सकता है?

उत्तर : आपकी फैक्टरी के पश्चिम मुखी प्लॉट में दक्षिण में ज्यादा खुला हुआ स्थान होगा। जिस पर आपने प्लॉट के ईशान कोण में भारी निर्माण कार्य कर लिया होगा। उत्तर में शेड बनाया होगा। प्रवेश द्वार पश्चिम वायव्य में रखा होगा।

प्रश्न : हमें लेथ मशीन डाले दो साल हो गये है पर काम बहुत ही कम आता है। क्या कारण होगा?

उत्तर : लगता है जहां आपने लेथ मशीन लगाई है वह स्थान उत्तर–पूर्व में ऊंचा एवं दक्षिण–पश्चिम में नीचा होगा। लेथ मशीन ईशान कोण में स्थापित की होंगी।

प्रश्न : हमने इंपोर्टेड मशीनें लगाई है। जब से मशीन आई है उसमें कोई न कोई समस्या रहती है इस कारण उत्पादन प्रभावित होता है। जबकि मशीन चलाने वाले कुशल कारीगर हैं। जिन्हें मशीन चलाने का कई वर्षों का अनुभव है।

उत्तर : आपने दक्षिण मुखी प्लॉट के उत्तर दिशा में शेड का निर्माण किया होगा साथ ही प्लॉट का ईशान कोण ऊंचा होगा। यह मशीन आपने फैक्टरी ईशान कोण में ही लगाई होगी। इस कारण यह समस्या आपकी फैक्टरी में है।

प्रश्न : फैक्टरी लगाते से ही परेशानियां शुरू हो गई हैं। आज तीन साल होने को आ गए हैं किसी प्रकार की तरक्की नहीं हुई है। क्या फैक्टरी में कोई वास्तु दोष है।

उत्तर : आपने उत्तर मुखी प्लॉट पर शेड का निर्माण किया होगा। जिसका प्रवेश द्वार उत्तर वायव्य में रखा होगा। स्वयं का बैठने का केबिन ईशान कोण में बनाया होगा।

प्रश्न : फैक्टरी डालने के बाद किसी प्रकार की तरक्की नहीं है केवल परेशानियां ही परेशानियां हैं।

उत्तर : आपने पश्चिम मुखी प्लॉट पर शेड बनाया होगा जिसका प्रवेश द्वार

पश्चिम नैऋत्य में रखा होगा। उत्तर व पूर्व दिशा में कोई खिड़की, दरवाजा या रोशनदान नहीं होगा।

प्रश्न : हमारे कारखाने में इंपोर्टेड मशीन होने से प्रोडक्शन तो बहुत है पर माल की खपत बहुत धीरे–धीरे है। ऐसा क्यों?

उत्तर : लगता है आपने बेचने के लिए तैयार माल का गोडाउन नैऋत्य कोण में बना रखा होगा।

प्रश्न : फैक्टरी में चोरियां होने से हम परेशान रहते हैं। क्या इन चोरियां का फैक्टरी के वास्तु से कोई संबंध है?

उत्तर : आपने शायद फैक्टरी के मध्य अर्थात् ब्रह्म स्थान पर कोई भारी वस्तु रख रखी है या भारी मशीन लगा रखी है। साथ ही आपके फैक्टरी का दरवाजा उत्तर वायव्य में होना चाहिए।

प्रश्न : हमारे फैक्टरी के पास वाली फैक्टरी के मालिक से विवाद के कारण मुकदमेबाजी चल रही है। हम दोनों ने एक दूसरे पर कई केस कर रखे हैं। इस कारण हम फैक्टरी पर सही तरीके से ध्यान नहीं दे पा रहे हैं। बड़ी परेशानी है। क्या कारण हो सकता है?

उत्तर : लगता है आपकी फैक्टरी में भूमिगत पानी का स्रोत कुआं या टंकी आग्नेय कोण में है और फैक्टरी का दरवाजा पूर्व आग्नेय या उत्तर वायव्य में होना चाहिए।

प्रश्न : फैक्टरी बनाने के तीन माह बाद ही हमारे पिताजी की शाम के समय फैक्टरी से घर आते समय दुर्घटना में मृत्यु हो गई। क्या फैक्टरी पर किसी ने टोना–टोटका कर रखा है?

उत्तर : जी नहीं, किसी ने टोना–टोटका नहीं कर रखा है। निश्चित रूप से आपकी फैक्टरी का वास्तु खराब है। यदि दक्षिण नैऋत्य में भूमिगत पानी का स्रोत हो और पश्चिम नैऋत्य में प्रवेश द्वार हो तो ऐसे दुःखद हादसे सामान्यतः होते रहते हैं। यही दोष आपकी फैक्टरी में भी होना चाहिए।

प्रश्न : खराब स्वास्थ्य रहने के कारण हमारी फैक्टरी के वर्कर

ज्यादातर अवकाश पर रहते हैं।

उत्तर : लगता है आपकी फैक्टरी का सैप्टिक टैंक नैऋत्य कोण में है।

प्रश्न : हमारी फैक्टरी में महिला कर्मचारियों को लेकर हमेशा विवाद की स्थिति बनी रहती है। क्या वास्तु के कारण ऐसा हो सकता है?

उत्तर : आपकी फैक्टरी में दक्षिण आग्नेय, दक्षिण या दक्षिण नैऋत्य इनमें से किसी एक जगह भूमिगत पानी का स्रोत होगा और प्रवेश द्वार भी इन्हीं दिशाओं में किसी एक स्थान पर होगा।

प्रश्न : कारखाने में बिजली का बिल बहुत ज्यादा आने से मानसिक तनाव रहता है। क्या इस समस्या का कोई समाधान है?

उत्तर : लगता है कि आपके कारखाने का इलैक्ट्रिक मीटर वायव्य कोण में लगा हुआ है इसे आप आग्नेय कोण में स्थापित करिए। उम्मीद करता हूं बिजली का बिल भी कम आएगा और आपको मानसिक शांति भी मिलेगी।

प्रश्न : हमारी फैक्टरी के आवासीय क्षेत्र की एक बिल्डिंग में रहने वाले अधिकतर कर्मचारी शीघ्र त्यागपत्र देकर चले जाते हैं। ऐसा क्यों?

उत्तर : शायद आपकी फैक्टरी की यह बिल्डिंग फैक्टरी अहाते में वायव्य कोण में स्थित है।

प्रश्न : फैक्टरी के नए प्रशासनिक भवन में जाने के बाद हमारा अकाउंटेंट चिड़चिड़ा होता जा रहा है। ऐसा क्यों?

उत्तर : आपने नए प्रशासनिक भवन में अपने अकाउंटेंट के चैंबर में उसकी कुर्सी इस प्रकार रखी होगी जहां वह दक्षिण मुखी होकर बैठता होगा।

प्रश्न : हमारी कैमिकल इंडस्ट्री में पहले साल से ही लगातार घाटे में चल रही है। क्यों?

उत्तर : लगता है आपने कैमिकल टैंक ईशान कोण में भूमिगत बना रखे हैं। दक्षिण की तुलना में उत्तर दिशा का फ्लोर लेवल ऊंचा है और ट्रांसफार्मर, जेनरेटर व अन्य बिजली के उपकरण पूर्व दिशा में होंगे।

वास्तु प्रश्नोत्तरी – व्यापार

प्रश्न : व्यापार में नुकसान होने के कारण भागीदारों में विवाद हो गए हैं। अब कोर्ट केस चल रहा है। हमारी दुकान में ऐसी क्या खराबी रही होगी?

उत्तर : आपकी दुकान का ईशान कोण कटा हुआ होगा। वायव्य कोण बहुत नीचा होगा या खुला होगा।

प्रश्न : व्यवसाय में निरंतर सेल कम होने से बहुत आर्थिक हानि हो रही है। क्या कारण है?

उत्तर : आपके व्यवसाय स्थल पर ईशान कोण मे टॉयलेट होगा। दक्षिण–पश्चिम दिशा का भाग उत्तर–पूर्व दिशा के भाग की तुलना में ज्यादा खुला होगा। उत्तर में भवन की ऊंचाई ज्यादा होगी।

प्रश्न : व्यापार में जबर्दस्त नुकसान हो रहा है व इकलौता बेटा भी व्यापार में अयोग्य है।

उत्तर : आपके व्यवसाय स्थल का प्रवेश द्वार पूर्व आग्नेय में होगा। व्यवसाय स्थल का पश्चिम दिशा का भाग पूर्व दिशा के भाग की तुलना में नीचा होगा।

प्रश्न : व्यापार में भारी हानि व पुत्रों की आवारागर्दी से पूरा परिवार परेशान है। क्या जहां हम रहते हैं वहां कोई वास्तु दोष है?

उत्तर : जी हां, आपका घर उत्तर व पश्चिम मुखी प्लॉट पर बना होगा। जिसका उत्तर दिशा का भाग खुला एवं ऊंचा होगा। ईशान कोण में टॉयलेट होगा। घर का प्रवेश द्वार उत्तर वायव्य कोण में होगा।

प्रश्न : प्रारंभ से ही व्यापार घाटे में चल रहा है। क्या कारण हो सकता है?

उत्तर : लगता है आपके व्यावसायिक भवन की छत का ढाल पश्चिम दिशा की ओर है।

प्रश्न : व्यापार में लगातार नुकसान हो रहा है जो थोड़ी बहुत आय होती है वह कोर्ट कचहरी के चक्कर में खर्च हो जाती है। क्या कारण होगा?

उत्तर : लगता है आपके व्यावसायिक स्थल के ईशान कोण में टॉयलेट है। वायव्य कोण बढ़ा हुआ है। पूर्व आग्नेय या उत्तर वायव्य में प्रवेश द्वार है।

प्रश्न : छः साल लगातार घाटे के बाद तीन महीने पहले व्यवसाय बंद करना पड़ा। वास्तु में ऐसा क्या दोष हो सकता है?

उत्तर : आपके व्यवसाय स्थल का प्रवेश द्वार दक्षिण या पश्चिम नैऋत्य में होगा। ईशान कोण नैऋत्य कोण की तुलना में काफी ऊंचा होगा जहां आपने अपनी बैठक इस प्रकार रखी होगी कि कैश बॉक्स पश्चिम मुखी खुलता होगा।

प्रश्न : प्रारंभ में छः माह व्यवसाय अच्छा चला उसके बाद प्रतियोगिता के कारण बिक्री कम होती जा रही है जिससे लगातार घाटा हो रहा है। ऐसा क्यों?

उत्तर : आपके व्यवसाय स्थल का प्रवेश द्वार नैऋत्य कोण में होगा। आपके बैठने की जगह उत्तर या पूर्व में होगी और ईशान कोण में टॉयलेट होगा।

प्रश्न : माल तो जल्दी–जल्दी बिकता है पर पेमेंट धीरे–धीरे कई चक्कर खाने के बाद आता है। क्या दुकान में कोई दोष है?

उत्तर : लगता है कि आपके व्यावसायिक भवन का पूर्व आग्नेय दिशा का भाग अन्य दिशाओं की तुलना में ऊंचा है या वहां पर ओवर हैड वॉटर टैंक है।

प्रश्न : हमारे व्यावसायिक स्थल पर आग लगने से दो व्यक्तियों की मृत्यु हो गई। क्या ऐसा वास्तु दोष के कारण हो सकता है?

उत्तर : लगता है आपके व्यावसायिक स्थल में दक्षिण दिशा में आग्नेय कोण में भूमिगत पानी का स्रोत होगा। ईशान कोण में टॉयलेट होगा और वायव्य कोण बढ़ा हुआ होगा।

प्रश्न : हमारा व्यापार बहुत फैला हुआ है। पर पैमेंट हम तक सही नहीं पहुंच पाता है। क्या कारण है?

उत्तर : आपके व्यावसायिक प्रतिष्ठान के दक्षिण आग्नेय में प्रवेश द्वार होगा, ईशान कोण बंद होगा, उत्तर व पूर्व दिशा में कोई खिड़की, दरवाजा या रोशनदान नहीं होगा। दक्षिण की तुलना में उत्तर दिशा में ऊंचाई ज्यादा होगी।

प्रश्न : हमारी दुकान में सेल तो बहुत अच्छी है परंतु पैमेंट के लिए हमेशा हाथ तंग रहता है। क्या कारण हो सकता है?

उत्तर : लगता है आपका कैश बॉक्स दक्षिण या पश्चिम दिशा में खुलता है।

प्रश्न : हमारी दुकान के एक कोने में रखा माल बहुत धीरे–धीरे बिकता है जबकि दूसरे कोने में रखा माल बहुत तेजी से बिकता है। क्या कारण है?

उत्तर : जो माल ईशान कोण में रखा होगा वह धीरे–धीरे बिकता होगा और जो माल वायव्य कोण में रखा होगा वह शीघ्र बिकता होगा।

बीमार उद्योग को वास्तु अनुरूप कर ठीक करना

यह नक्शा एक ऐसे उद्योग का है, जिसका प्लॉट का पूर्व दिशा का भाग दक्षिण दिशा की तुलना में अंदर दबा हुआ है। उद्योग की बिल्डिंग का निर्माण ईशान कोण, उत्तर व वायव्य कोण में हुआ है। आग्नेय, दक्षिण, नैऋत्य एवं पश्चिम दिशा में बहुत ज्यादा खाली जगह हैं। लगभग बीस करोड़ रुपये लगाने के बाद प्रारंभ से ही जबर्दस्त घाटे में चलने के बाद पिछले तीन सालों से बंद है।

इसको वास्तु अनुरूप बनाने के लिए चित्र में दर्शाए अनुसार उद्योग की बिल्डिंग के तीन तरफ नई कंपाउंड वॉल बनाकर अलग किए गए भाग में छः प्लॉट इस प्रकार निकाले गए हैं जिससे मुख्य उद्योग के प्लॉट के सभी वास्तुदोष दूर हो गए और नए बने छः प्लॉट्स सभी वास्तु अनुरूप हैं जिन पर वास्तु अनुरूप औद्योगिक इकाइयां लगाई जा सकती हैं। इसका विवरण इस प्रकार है–

- मुख्य औद्योगिक इकाई की कंपाउंड वॉल बनने के बाद उद्योग का आग्नेय, दक्षिण एवं पश्चिम जो भाग ज्यादा खुला हुआ भाग था वह अलग हो जाने से अब उद्योग का उत्तर ईशान, पूर्व का भाग ज्यादा खुला हुआ हो गया।
- पहले जो बोरिंग दक्षिण में था वह मुख्य औद्योगिक इकाई के लिए महत्त्वपूर्ण वास्तु दोष था जो अब प्लॉट D के भाग में चला गया वह प्लॉट D के लिए वास्तु अनुरूप होकर शुभ है। इस परिवर्तन से मुख्य औद्योगिक इकाई का एक महत्वपूर्ण वास्तु दोष दूर हो गया। मुख्य औद्योगिक इकाई में वास्तु अनुरूप नया बोरिंग बना दी गयी है।
- प्लॉट A, B, C, D के आग्नेय भाग में जो प्लॉट का बढ़ाव दोषपूर्ण था उसे चित्र में दिखाए अनुसार कंपाउंड वॉल बनाकर दूर कर दिया गया है। प्लॉट A और D को मार्ग वेध है परंतु यह मार्ग वेध दोनों के लिए शुभ है। प्लॉट E को मार्ग वेध का दोष न रहे इसीलिए उसके आग्नेय भाग से सड़क सीधी निकाल दी गई है। इससे प्लॉट E भी वास्तु अनुकूल हो गया।

बीमार उद्योग को वास्तु अनुरूप ठीक करना

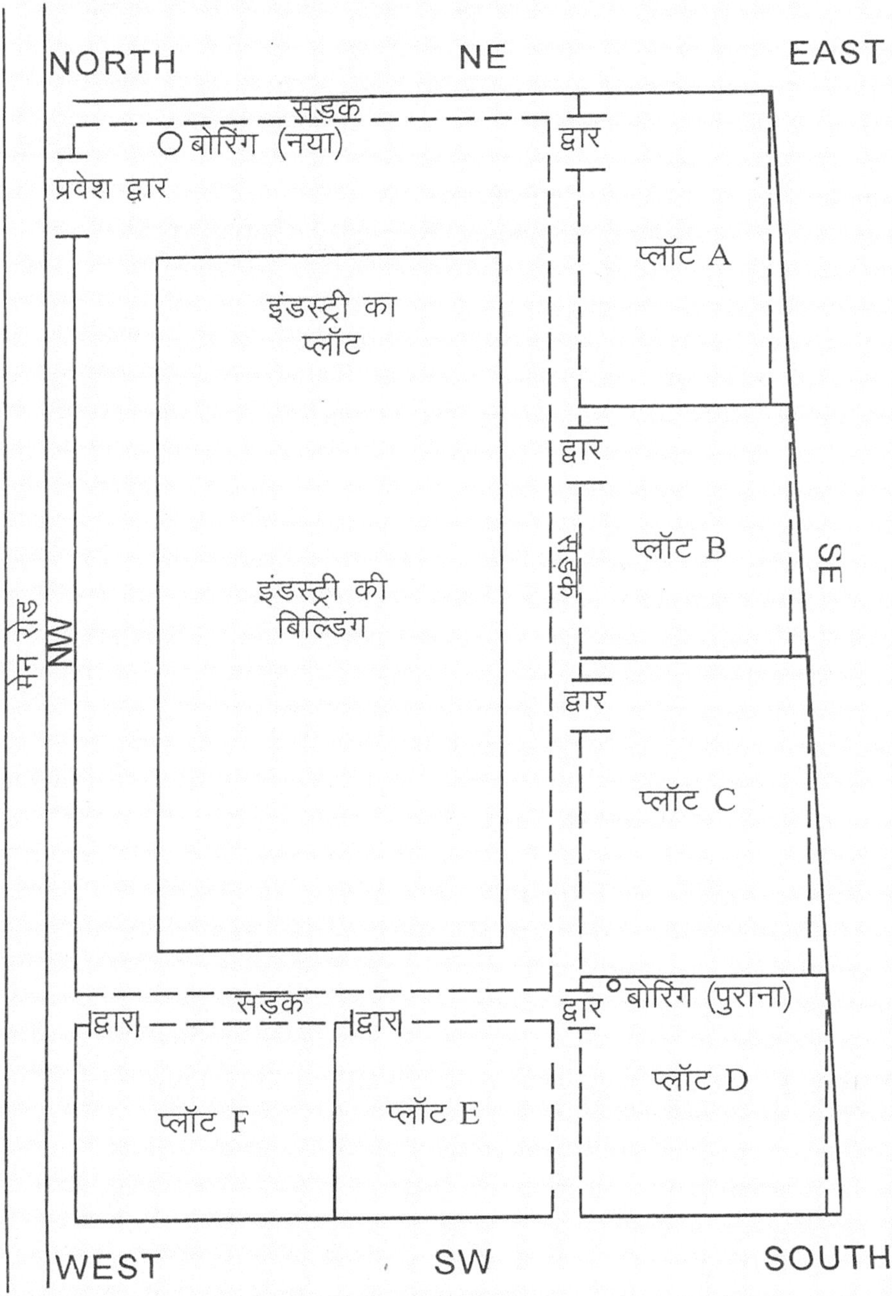

वास्तु समस्याएं एवं समाधान

भारत की प्रसिद्ध मासिक पत्रिका "गृहलक्ष्मी" में वास्तु विषय पर छपने वाले मेरे लेखों को पढ़कर मुझे पाठकों के पत्र बराबर मिलते रहते हैं। उनमें से कुछ पाठकों की समस्याएं व उनके समाधान यहां बताए गए हैं। जिन्हें पढ़कर आप अपने व्यावसायिक स्थल एवं घरों के वास्तु निरीक्षण कर उचित समाधान कर सकते हैं।

विशेष : इन पत्रों में अधिकतर पाठक नक्शा भेजते समय, मकान की लंबाई–चौड़ाई, मुख्य द्वार, दरवाजे, खिड़कियां, ड्राइंगरूम, किचन, टॉयलेट बाथरूम, भूमिगत पानी का स्रोत इत्यादि का जिक्र करते हैं और उसी आधार पर यहां समाधान बताए गए हैं। लेकिन बहुत कम पत्रों में फर्श व जमीन के ढाल का (फ्लोर लेवल) विवरण होता है, जिसकी किसी भी मकान के वास्तु में महत्वपूर्ण भूमिका होती है। ध्यान रहे, वास्तु विश्लेषण में इस ढाल की अनदेखी बिलकुल नहीं की जानी चाहिए।

समस्या : मेरी स्वर्ण आभूषण की दुकान पर ग्राहक नहीं आने से व्यापार में नुकसान चल रहा है। कृपया वास्तु दोष व उनका समाधान बताएं।

बेनी प्रसाद, पटना (बिहार)

समाधान : आपकी दुकान का दक्षिण आग्नेय बढ़ा हुआ है। चित्र में बताए अनुसार एक पक्की दीवार खड़ी करके इस जगह को बिलकुल अलग कर दें।

आपकी उत्तर मुखी दुकान है। उत्तर और उत्तर वायव्य में शो केस बनाएं ताकि, ग्राहकों का आना–जाना केवल उत्तर ईशान कोण से हो।

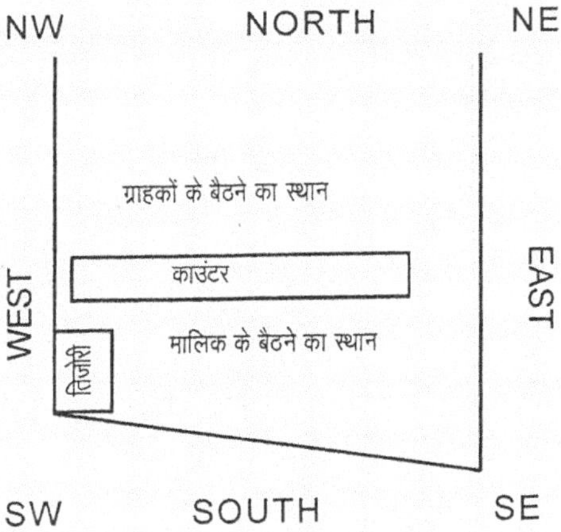

बेनी प्रसाद के दुकान का नक्शा

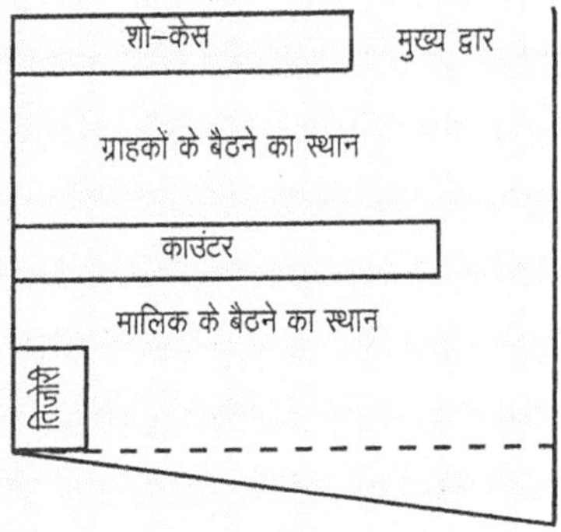

दुकान का परिवर्तित नक्शा

काउंटर पश्चिम दिशा की दीवार से सटाकर लगाएं ताकि, आप भी उत्तर ईशान से अपने बैठने के स्थान पर आएं–जाएं।

कैश–बॉक्स दक्षिण दीवार से सटाकर उत्तर मुखी रखें।

समस्या : मेरी गेहूं, चावल, दाल व किराने की डबल शटर की पूर्व मुखी दुकान है। जिसकी लंबाई–चौड़ाई बराबर है। तीन साल से दुकान चला रहा हूं। बैलेंस शीट जीरो रहती है। व्यापार बराबर चल रहा है पर मुनाफा नहीं हो रहा है।

किशन भाटिया, ग्वालियर (म.प्र.)

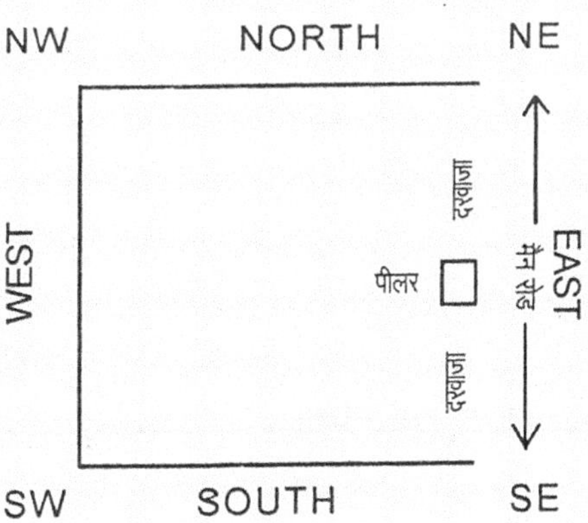

किशन भाटिया जी के दुकान का नक्शा

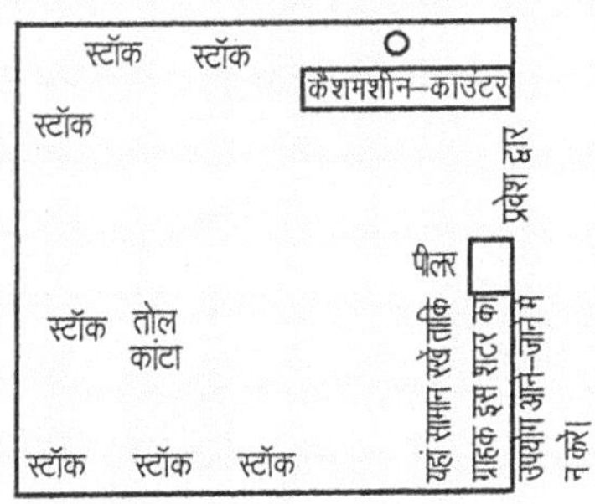

दुकान का परिवर्तित नक्शा

समाधान : पूर्व आग्नेय वाले शटर के आगे सामान रखें ताकि ग्राहकों का प्रवेश केवल पूर्व ईशान वाले शटर से ही हो।

पूर्व ईशान में चित्र में दिखाये अनुसार ही कैश मशीन और काउंटर रखें। ताकि कैश मशीन उत्तर दिशा की ओर खुल सके। (विशेष – पूर्व मुखी दुकान पर पूर्व आग्नेय में, उत्तर मुखी होकर बैठना ज्यादा वास्तु अनुरूप होता है। पर आजकल ज्यादातर कैश मशीन का उपयोग होने लगा है और कैश मशीन उत्तर दिशा में ही खुले इस कारण यहां यह व्यवस्था करनी पड़ रही है।)

जिस माल को जल्दी बेचना हो उसे वायव्य कोण में रखें।

चित्र में दिखाए अनुसार दुकान का स्टॉक जमाएं एवं तोल कांटा रखें।

समस्या : मेरी पेंट की दुकान पर ग्राहक नहीं आते जबकि दुकान पर अच्छी कंपनियों का माल रखा हुआ है।

गिरजा शंकर, कांगड़ा (हि.प्र.)

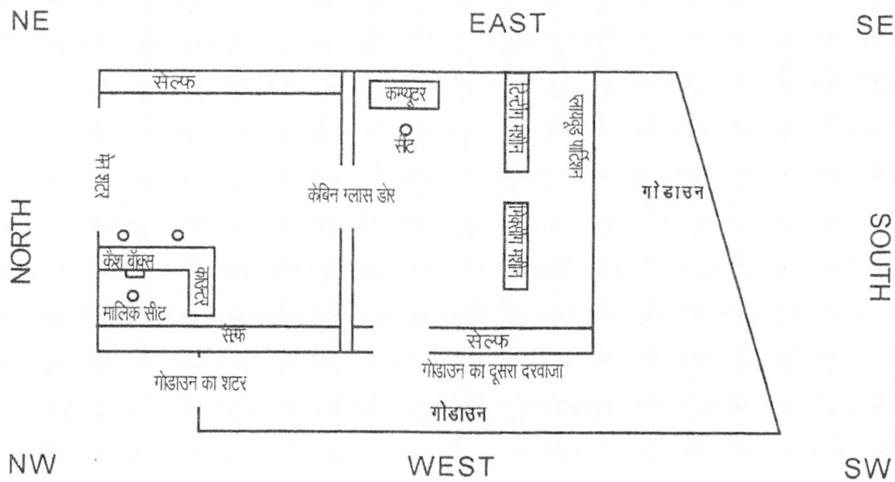

गिरिजा शंकर जी की दुकान का नक्शा

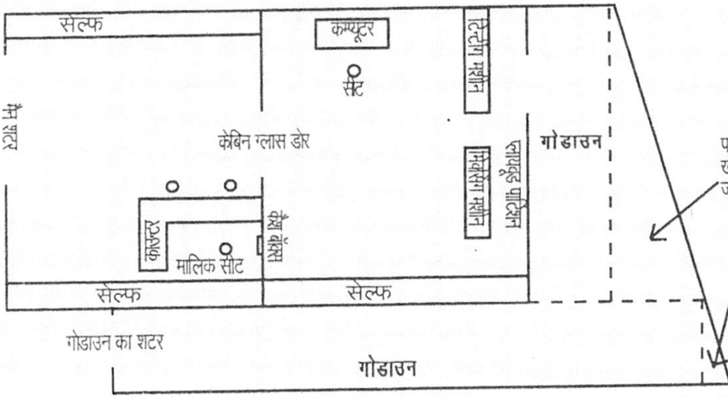

दुकान का परिवर्तित नक्शा

समाधान : आपकी दुकान व गोडाउन का दक्षिण–पश्चिम कोना अर्थात् नैऋत्य कोण बढ़ा हुआ है। इसे नक्शे में बताए गए तरीके से दीवार बनाकर सीधा करें व बाकी बची हुई जगह छोड़ दें।

आपकी दुकान के पीछे वाले गोडाउन व साइड के गोडाउन में दीवार बनाकर अलग–अलग करें।

दुकान के पीछे के गोडाउन का रास्ता दुकान से रहेगा और साइड के गोडाउन में जहां उत्तर दिशा में अभी शटर है वहीं रहेगा, आपस में दुकान व गोडाउन का अंदर से कोई कनेक्शन नहीं रहेगा।

आप अपना काउंटर वायव्य कोण से हटाकर नैऋत्य कोण में ले जाइए।

कैश बॉक्स दक्षिण की दीवार से लगाकर रखिए ताकि वह उत्तर की ओर खुल सकें।

अभी आपका काउंटर वायव्य कोण में है जब आपके बैठने की जगह यहां से स्थानांतरित होगी, तब आप तैयार माल यहां वायव्य कोण में रखिए शीघ्र बिकेगा। कम्प्यूटर कक्ष के वायव्य कोण में भी तैयार माल रख सकते हैं।

समस्या : हमारा परिवार घर में सिलाई का काम करता है। किसी भी काम में सफलता नहीं मिलती है। सिलाई के काम के लिए नेपाल के

व्यापारियों से भी कोई सेटिंग नहीं हो पा रही है। कर्ज से दबा हुआ हूं। प्रवीण चंचल, अररिया (बिहार)

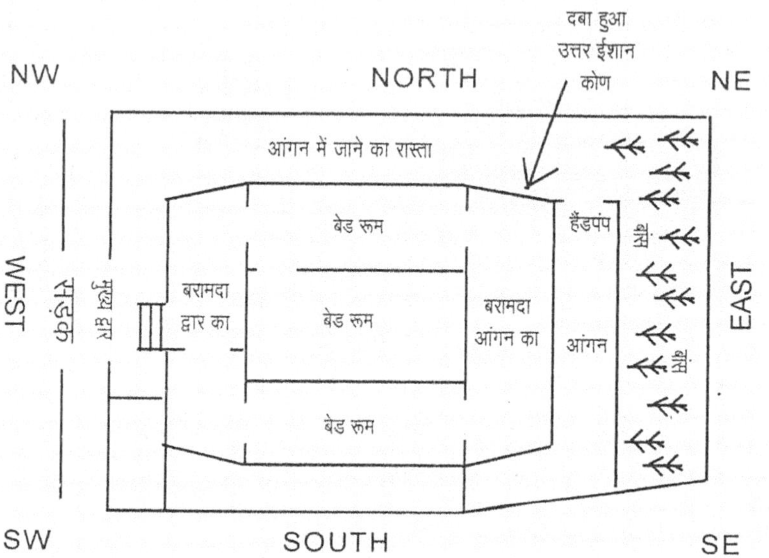

प्रवीण चंचल जी के घर का नक्शा

समाधान : आपके मकान के बरामदे व आंगन में उत्तर ईशान कोण दबा हुआ है। इसे सुधारने के लिए उत्तर ईशान कोण में भवन को आगे बढ़ाकर बनाएं व यह कोण 90 डिग्री का करके बराबर किया जाए।

निर्माण करके कमरे के बराबर किया जाए या उत्तर दिशा के कमरे को छोटा करके इसके बराबर किया जाए।

अंदर जाने का मुख्य द्वार पश्चिम से हटाकर पश्चिम वायव्य में कर दिया जाए।

ईशान कोण व पूर्व दिशा में जो बांस के पेड़ लगे हैं इस कारण प्रातःकालीन सूर्य की लाभदायक किरणें सही ढंग से घर में नहीं पहुंच पाती हैं। अतः इन्हें भी कटवा दें। इन परिवर्तन से निश्चित ही राहत मिलेगी। आपका जीवन सुखद व सरल हो जाएगा।

समस्या : मुझे व्यापार एवं परिवार में समस्या ही समस्या है। गृहलक्ष्मी में आपका लेख पढ़कर मन में संतोष हुआ। मैं आपको अपनी फैक्टरी, जिसमें हम रहते भी हैं का स्केच भेज रहा हूं। कृपया हमारी समस्या का समाधान करें।

दीपक जी, बोकारो

समाधान : आपकी परेशानियों का कारण फैक्ट्ररी के प्लॉट एवं उस पर बने निर्माण कार्य में कई महत्वपूर्ण वास्तुदोष होना है। इन दोषों को संशोधित नक्शें में बताये अनुसार दूर करें तो विश्वासपूर्वक कह सकता हूं कि, निश्चित ही आपकी परेशानियां दूर होंगी व आपको अपेक्षित सफलता मिलेगी।

1 आपके प्लॉट का ईशान कोण दबा हुआ है एवं दक्षिण आग्नेय बढ़ा हुआ है इस कारण आर्थिक, मानसिक व शारीरिक कष्ट रहता है। सर्वप्रथम प्लॉट को संशोधित नक्शे में बताये अनुसार घटाकर या बढ़ाकर 90 डिग्री का करें।

2 इसके बाद आपके आग्नेय कोण में कुआ बना हुआ है। इसके कारण

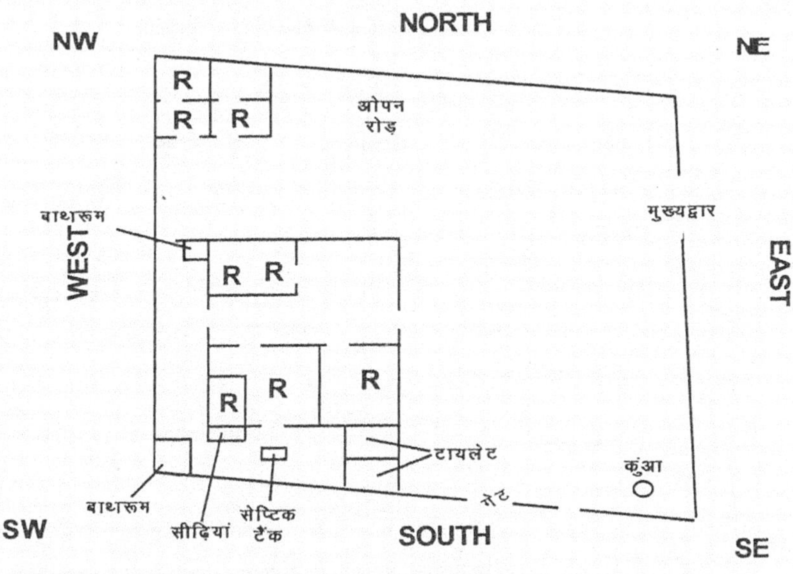

दीपक बोकारो की फैक्टरी/घर का नक्शां

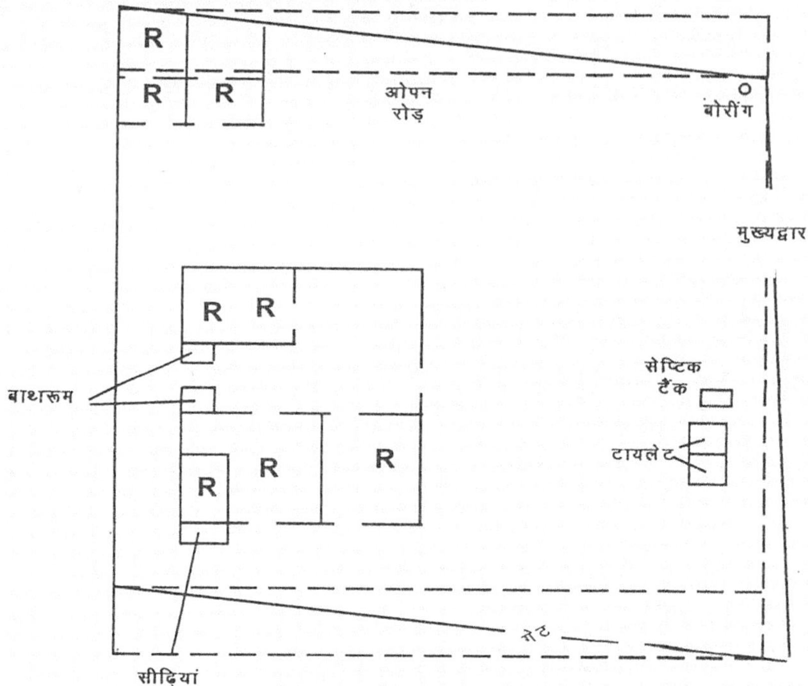

R = ROOM

दीपक बोकारो की फैक्टरी/घर का संशोधित नक्शा

यहां पर विवाद, कोर्ट कचहरी, स्त्रियों को स्वास्थ्य संबंधी कष्ट एवं कलह बनी रहती है। इसे मिट्टी डालकर पुरी तरह बंद कर दें, साथ ही संशोधित नक्शे के अनुसार ईशान कोण में कुआं या बोरिंग बनवाएं। यह आपकी आर्थिक समृद्धि में सहायक होगा।

3 आपके यहां सेप्टिक टैंक दक्षिण नैऋत्य कोण में बना हुआ है यह विभिन्न प्रकार की परेशानियों व दुर्घटनाओं का कारण बनता है। विशेषकर महिलाओं के लिये ज्यादा कष्ट दायक होता है। इसे मिट्टी डालकर बंद करें एवं संशोधित नक्शे में दिखाये स्थान पर पूर्व दिशा में स्थापित करें।

4 आपके यहां दो टॉयलेट दक्षिण दिशा में बनी हुई है। इन्हें यहां से हटाकर पूर्व दिशा में संशोधित नक्शें में दिखाये स्थान पर स्थापित करें।

5 आपके यहां एक बाथरूम नैऋत्य कोण में व दूसरा पश्चिम में है। इन्हें

यहां से हटाकर भवन के पश्चिम भाग में संशोधित नक्शे में दिखाये स्थान पर बनाये।

उपरोक्त परिवर्तनों से निश्चित ही आपकी समस्याएं कम होंगी एवं आपको लाभ होगा।

समस्या : एक साल पहले दो छोटे फ्लैट खरीदकर अपना घर बनाया है। आपको अपने फ्लैट का नक्शां भेज रहा हूं। यहां आने के बाद कुछ परेशानियां शुरू हो गयी है। कृपया बतायें कि, पूजाघर कहां हो ? शयनकक्ष कौन–सा हो ? मुख्यद्वार का रंग क्या हो ? घर में सुख–शान्ति समृद्धि कैसे आये? भविष्य में ब्यूटीपार्लर या कुकिंग क्लॉस खोलने का विचार है। कैसा रहेगा ?

सुनिल कुमार, लखनऊ

समाधान : आपके दोनों फ्लैट के मध्य में एक गेट है इस कारण इन दोनों को एक वास्तु मानकर निरीक्षण करना होगा। एक वास्तु मानकर निरीक्षण करने पर इसका उत्तर–पूर्व का कोना अर्थात् ईशान कोण कटा हुआ है, जो कि एक महत्वपूर्ण वास्तुदोष है। इस दोष के कारण इस फ्लैट में रहते हुए कभी

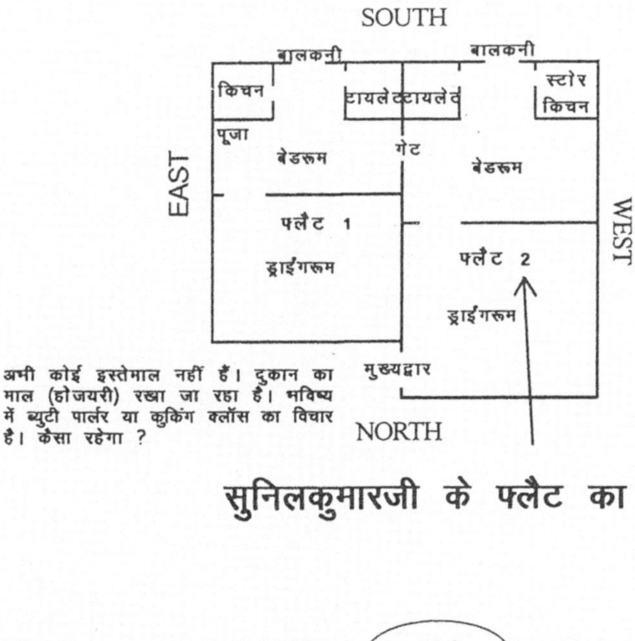

सुनिलकुमारजी के फ्लैट का नक्शा

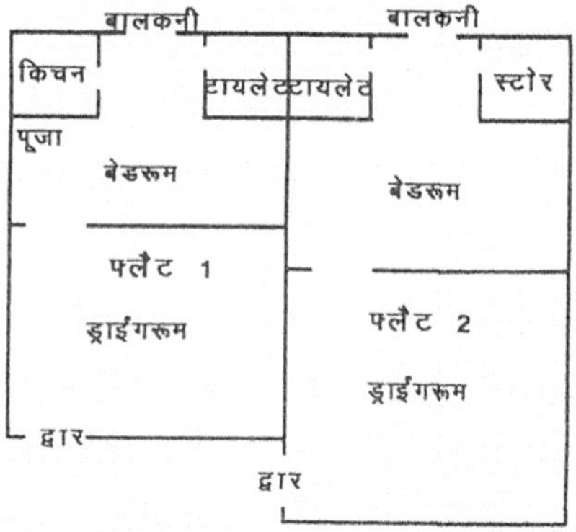

सुनिलकुमारजी के फ्लैट का संषोधित नक्शां

भी सुख–शान्ति का वास नहीं होगा। यदि आप बीच का गेट दीवारं बनाकर बंद कर दें ऐसी स्थिति में यह दो वास्तु हो जाऐंगे। तब दो वास्तु के अनुसार इसका अलग–अलग निरीक्षण किया जाएगा। इन दोनों फ्लैट का अलग–अलग वास्तु निरीक्षण किया जाये तो यह फ्लैट बहुत ही अच्छे एवं वास्तुअनुरूप बने है। इसलिये आपको चाहिये कि आप दोनों फ्लैट के बीच का गेट बंद कर दें व दोनों फ्लैट्स के बीच कहीं पर भी किसी प्रकार का रास्ता न रखें। दोनों फ्लैट्स के अन्दर जाने का मुख्यद्वार संशोधित नक्शे में जहां बताया गया है वहीं पर रखें। ऐसा करने से ईशान कोण कटने का वास्तुदोष समाप्त हो जाएगा और आपके जीवन में सुख–समृद्धि एवं प्रसिद्धि अवश्य आएगी।

1 पूजाघर सही जगह पर बना हुआ है।

2 शयनकक्ष फ्लैट नं. 2 में बना लीजिये।

3 मुख्यद्वार काले रंग को छोड़कर अपनी पसंद के किसी भी रंग का बना सकते है।

4 ब्यूटी पार्लर व कुकिंग क्लास का फर्नीचर वास्तुअनुरूप बनाइये यहां सफलतापूर्वक चलेंगें। परन्तु दोनों फ्लैट के मध्य के गेट पर दीवार बनाकर बंद करना जरूरी है।

वास्तु जिज्ञासाओं का समाधान

प्रश्न : क्या वास्तुशास्त्र केवल हिन्दू धर्म मानने वालो के लिए है?

उत्तर : नहीं! वास्तुशास्त्र पृथ्वी पर रहने वाले सभी प्राणियों के लाभ के लिए भारतीय ऋषि मुनियों द्वारा बनाया गया है। चाहे वह किसी भी धर्म, संप्रदाय या नस्ल के हों, यह उन सब पर समान रूप से लागू होता है।

प्रश्न : पृथ्वी अपनी धूरी पर घूमती हुई सूर्य की परिक्रमा करती है। अर्थात् पृथ्वी स्थिर नहीं है। ऐसे में वास्तु की प्रासंगिकता क्या है?

उत्तर : यह सही है कि पृथ्वी अपनी धूरी पर घूमती हुई सूर्य की परिक्रमा करती है, साथ ही हमारा पूरा सौरमंडल भी आकाशगंगा में अनंत की ओर तेजी से दौड़ रहा है। रेलगाड़ी के कई डिब्बे पटरी पर एक साथ दौड़ते हैं तथा डिब्बों के गतिशील होने पर भी अंदर रखा सामान स्थिर रहता है। गति अचानक कम या ज्यादा होने पर ही सामान में अस्थिरता पैदा होती है जिससे हमारा सामान इधर–उधर बिखर जाता है। इसी प्रकार पृथ्वी अपनी धूरी पर प्रारंभ से ही एक निश्चित गति के साथ ही घूम रही है जिस कारण सभी स्थूल चीजें अपनी जगह स्थिर हैं। वास्तुशास्त्र का मूल आधार विश्वव्यापी पंच तत्त्व पृथ्वी, जल, अग्नि, वायु और आकाश है। इन्हीं पांच तत्त्वों के अनुरूप घर को बनाना, सजाना, संवरना ही वास्तु कहलाता है।

प्रश्न : सामान्य मनुष्य को कैसे ज्ञात हो कि उसका घर वास्तु अनुरूप है या नहीं?

उत्तर : यदि किसी नए घर में प्रवेश करने से पूर्व या पुराने घर के नवीनीकरण के पहले, यदि जीवन सुखद चल रहा हो, घर में शांति हो, कारोबार ठीक चल रहा हो और इस परिवर्तन के बाद जीवन दूभर हो जाए, घर में अशांति पैदा हो जाए, कारोबार में घाटा होने लगे, स्वास्थ्य ठीक नहीं रहता हो, तो समझ लेना चाहिए कि यह नया घर या यह

नवीनीकरण वास्तु विपरीत है।

प्रश्न : यदि घर में वास्तु दोष होने के बाद भी सुख–शांति हो, क्या तब भी वास्तु दोष निवारण अनिवार्य है?

उत्तर : नहीं! यह सही है कि जब भाग्य अनुकूल होकर प्रबल होता है, तब वास्तु दोष का अहसास नहीं होता है। लेकिन जब भाग्य की अनुकूलता समाप्त हो जाती है, तब वास्तु दोष प्रबल होकर जीवन में उथल–पुथल मचा देते हैं। परंतु जब तक भाग्य अनुकूल चल रहा हो तब तक वास्तु में किसी प्रकार की फेरबदल की कोई आवश्यकता नही होती है। हम डॉक्टर के पास तभी जाते हैं, जब हम बीमार होते हैं। स्वस्थ व्यक्ति कभी भी डॉक्टर के पास नहीं जाता है। यदि रोजमर्रा के जीवन में विभिन्न प्रकार की परेशानियां आने लगें, ऐसी परिस्थिति में ही वास्तु दोष का निवारण करवाना चाहिए।

प्रश्न : क्या वास्तु का प्रभाव स्त्रियों व पुरुषों पर अलग–अलग पड़ता है?

उत्तर : हां! वास्तु में पूर्व ईशान, उत्तर ईशान, पश्चिम वायव्य और पश्चिम नैऋत्य का क्षेत्र पुरुषों का प्रतिनिधित्व करता है। आग्नेय, दक्षिण, दक्षिण नैऋत्य और उत्तर वायव्य का क्षेत्र स्त्रियों का प्रतिनिधित्व करता है। वास्तु की शेष दिशाएं स्त्री एवं पुरुषों को समान रूप से प्रभावित करती हैं।

प्रश्न : क्या सिर्फ पूर्व मुखी या उत्तर मुखी भूखंड ही वास्तु अनुरूप होते हैं?

उत्तर : नहीं! चारों दिशाएं प्रकृति की देन हैं। किसी भी दिशा की तरफ मुख्य द्वार रखकर वास्तु अनुरूप निर्माण किया जा सकता है लेकिन वास्तुशास्त्र के नियमानुसार सूर्य की प्रातःकालीन जीवनदायी ऊर्जा का अधिक से अधिक लाभ लेने के लिए उत्तर और पूर्व दिशा में ज्यादा खुली जगह छोड़नी चाहिए व दोपहर के बाद की सूर्य की नकारात्मक किरणों के संपर्क में कम से कम आएं इसलिए दक्षिण और पश्चिम दिशा में कम जगह छोड़नी चाहिए। इस कारण दक्षिण व पश्चिममुखी

मकान के सामने वाले भाग में गार्डन व वाहन खड़े करने के लिए पर्याप्त जगह नहीं रह पाती है। इसलिए पूर्व मुखी और उत्तर मुखी भूखंड को ज्यादा अच्छा माना जाता है।

प्रश्न : क्या वास्तु केवल ग्राउंड फ्लोर पर रहने वाले लोगों पर लागू होता है?

उत्तर : वास्तु का प्रभाव ग्राउण्ड फ्लोर पर रहने वालो पर शत–प्रतिशत पड़ता है। क्योंकि इस शास्त्र का जमीन से ज्यादा संबंध है। जमीन पर ही भूमिगत जल स्रोत, बाग–बगीचे, मुख्य द्वार, जमीन का ऊंचा–नीचा होना, जमीन का आकार इत्यादि होते हैं। जैसे–जैसे ऊपर की मंजिल पर जाते हैं। वैसे–वैसे वास्तु पर जमीन का प्रभाव कम होता जाता है। अन्दाजन 8 वें, 10 वें फ्लोर पर जाकर इसका प्रभाव 80–90 प्रतिशत ही रह जाता है।

प्रश्न : क्या चीनी वास्तुशास्त्र फेंग शुई की सहायता से भी वास्तु दोष दूर किए जा सकते हैं?

उत्तर : हां! फेंग शुई का सिद्धांत है, जहां समस्या है, वहां उसका समाधान भी है। परंतु छोटे–छोटे वास्तु दोष निवारण में ही फेंग शुई की उपयोगिता ज्यादा है।

प्रश्न : भारतीय वास्तुशास्त्र एवं चीनी वास्तुशास्त्र फेंगशुई में क्या समानता हैं?

उत्तर : जिस प्रकार आयुर्वेद, होम्योपैथी, एलोपैथी, यूनानी इत्यादि सभी चिकित्सा पद्धतियों का उद्देश्य मनुष्य के स्वास्थ्य को ठीक करना है, उसी प्रकार वास्तुशास्त्र और फेंग शुई दोनों शास्त्र किसी भी भवन के आकार, अनुपात, दिशा तथा आसपास के वातावरण में पर्यावरण के साथ सामंजस्य बनाए रखने की भारत व चीन की प्राचीन कला है।

प्रश्न : क्या वास्तुशास्त्र के सिद्धांत सिर्फ भारत में व फेंग शुई के सिद्धांत सिर्फ चीन में लागू होते हैं?

उत्तर : नहीं! वास्तुशास्त्र और फेंग शुई के सिद्धांत समूचे विश्व में समान रूप से लागू होते हैं क्योंकि यह शास्त्र सूर्य की किरणों एवं पृथ्वी पर बहने

वाली चुंबकीय तरंगों पर आधारित है, जो मनुष्य द्वारा निर्धारित की गई, किसी भी देश की सीमा से प्रभावित नहीं होते हैं।

प्रश्न : क्या वास्तुशास्त्र एवं फेंग शुई दोनों का प्रयोग किसी वास्तु में एक साथ किया जा सकता है?

उत्तर : हां! वास्तुशास्त्र एवं फेंग शुई इन दोनों शास्त्रों का प्रयोग एक साथ करना बहुत अधिक लाभदायक रहता है। इन दोनों शास्त्रों का प्रयोग अनुभवी व जानकार वास्तुशास्त्री की सलाह पर ही करना चाहिए।

प्रश्न : यदि किसी व्यक्ति के पास एक से अधिक संपत्ति हो उस स्थिति में वास्तु का प्रभाव किस प्रकार पड़ेगा?

उत्तर : यदि किसी व्यक्ति के पास एक से अधिक संपत्ति हो, तो वह संपत्ति जिसका उपयोग वह अपने रहने या व्यवसाय के लिये करता है, उसके वास्तु का प्रभाव उसके जीवन पर पड़ता है। जो संपत्ति उसने किसी दूसरे को उपयोग के लिये दे रखी हो, तो उस संपत्ति का प्रभाव उस दूसरे व्यक्ति पर पड़ेगा, जो उसका उपयोग कर रहा हैं। जो संपत्ति स्वामी के स्वयं के उपयोग में नहीं आ रही है उस संपत्ति से संबंधित आर्थिक लाभ–हानि या उस पर किसी प्रकार के विवाद का प्रभाव उसके स्वामी पर पड़ता है।

प्रश्न : यदि किसी व्यवसायी के एक से अधिक व्यवसायिक स्थल हो तो, उनके वास्तु का प्रभाव किस प्रकार पड़ता है ?

उत्तर : यदि किसी व्यवसायी के एक से अधिक व्यवसायिक स्थल हो तो, वह व्यवसायिक स्थल जो वास्तुअनुकूल होगा, वह व्यवसायी को अच्छा आर्थिक लाभ देगा जहाँ व्यापार सफलतापूर्वक बिना परेशानियों के सुचारू रूप से चलेगा। इसके विपरित जो व्यवसायिक स्थल वास्तुअनुकूल नहीं होगा वहाँ उस व्यवसायिक स्थल के दोषों के अनुसार व्यवसायी को अपने व्यापार में परेशानियों का सामना करना पड़ेगा।

प्रश्न : हमारे देश में मकानों की समस्या है अधिकांश लोग ऐसे मकानों में रहते है जिसके परिवार के सभी सदस्यों के लिये व्यक्तिगत कमरे नहीं होते हैं बल्कि एक या दो कमरों में ही परिवार के सदस्य रहते है, सोते है व अपना कार्य करते है।

अतः ऐसी परिस्थिति में कैसा समाधान हो?

उत्तर : छोटे मकान में या एक कमरे के मकान को पूर्ण वास्तु मानते हुए उस कमरे की साज–सज्जा वास्तु नियमों के अनुसार करना लाभदायक होता है। जैसे कमरे के आग्नेय कोण में चूल्हा, ईशान कोण में पानी रखा जाये, नैऋत्य कोण में अलमारी रखी जाये।

विस्तार से जानने के लिये लेखक द्वारा लिखित पुस्तक "आंतरिक साज–सज्जा वास्तु एवं फेंगशुई" में एक लेख, "एक कमरे की आंतरिक साज–सज्जा और वास्तु" पढ़ें।

प्रश्न : यदि परिवार का कोई युवा सदस्य घर से बाहर रहकर दूसरे शहर में अध्ययन करने जाता है, तो क्या उसके घर के वास्तुदोषों का प्रभाव उसके कैरियर पर पड़ेगा ?

उत्तर : नहीं! दूसरे शहर में जिस कमरे या स्थान में रहकर वह युवा अध्ययन करता है, वहाँ के वास्तु का प्रभाव उसके कैरियर पर पड़ेगा।

प्रश्न : क्या घर के आगे गाय बांधने से या तुलसी का पौधा लगाने से वास्तुदोष का निवारण होता है?

उत्तर : बिलकुल नहीं! यह सही है कि गाय की उपयोगिता को देखते हुए हम गाय को मां के समान दर्जा देते हैं। गाय बांधना, गाय के गोबर से घर लीपना, घर को गौ मूत्र से धोना यह हमारी धार्मिक आस्थाएं हैं। इसी प्रकार तुलसी के औषधीय गुणों के कारण हम तुलसी की पूजा करते हैं। यह भी हमारी धार्मिक आस्था है। वास्तुशास्त्र विज्ञान है। अतः वास्तु दोष निवारण में ऐसे किसी भी प्रकार की धार्मिक आस्था से जुड़े कृत से कोई लाभ नहीं होता है।

प्रश्न : क्या वास्तु अनुरूप घर में बिना किसी प्रकार का परिवर्तन किए स्वतः वास्तु दोष उत्पन्न हो सकता है?

उत्तर : हां, बहुत से ऐसे परिवर्तन होते हैं जो हम नहीं करते पर आस–पास घटित होते रहते हैं जिसके कारण वास्तु अनुरूप घर में बिना किसी परिवर्तन के वास्तु दोष उत्पन्न हो जाता है। जैसे–ईशान कोण में लगे छोटे–छोटे पौधे जब दस–पंद्रह साल में वृक्ष बन जाते हैं तब ईशान

कोण के भारी होने के साथ–साथ बड़े वृक्षों के कारण प्रातःकालीन सूर्य की जीवनदायी किरणें बाधित होने लगती हैं जिससे एक महत्वपूर्ण वास्तु दोष उत्पन्न हो जाता है। घर के उत्तर या पूर्व में ऊंची सड़क या पुल बन जाने से या घर के दक्षिण या पश्चिम में बड़े नाले का निर्माण हो जाने से वास्तुदोष उत्पन्न हो जाता है, इत्यादि। ऐसे कई कारण होते हैं जो वास्तु अनुरूप भवनों में वास्तु दोष पैदा कर देते हैं।

प्रश्न : क्या वास्तुदोष निवारण यंत्र लगाने से कुछ लाभ होता है?

उत्तर : बिलकुल नहीं! वास्तुशास्त्र के प्रथम ग्रंथ से लेकर, 1995 से पूर्व छपे किसी भी वास्तुशास्त्र के ग्रंथ में इस प्रकार के किसी भी यंत्र का वर्णन नहीं है। यह वास्तुदोष निवारण यंत्र केवल तथाकथित लालची वास्तुशास्त्रियों द्वारा भोली–भाली जनता को लूटने के लिए बनाया गया है। जो बहुत ज्यादा दाम लेकर लगाया जाता है। वास्तु दोष निवारण यंत्र लगाने से एक प्रतिशत लाभ भी नहीं होता है।

प्रश्न : क्या वास्तु दोष ढूंढने का कोई यंत्र बाजार में उपलब्ध है ?

उत्तर : नहीं! जिन ऋषि–मुनियों ने वास्तुशास्त्र की खोज की उन्होंने तो कोई ऐसा यंत्र नहीं बनाया या भारत व चीन के किसी भी पुराने ग्रंथ में इस प्रकार के यंत्र का वर्णन नहीं मिलता है। कुछ वास्तुशास्त्री लोगों को लूटने के लिए पर्यावरण एवं मानवीय तंत्र की ऊर्जा को मापने के लिए प्रयोग में आने वाला 'लेकर एंटिना' नामक यंत्र का उपयोग वास्तुदोष ढूंढने में करते हैं।

प्रश्न : क्या वास्तुशास्त्र की एक दो पुस्तक पढ़कर स्वयं अपने घर का वास्तुदोष दूर कर सकते हैं?

उत्तर : नहीं! वास्तुशास्त्र पढ़ने में बड़ा सरल लगता है पर व्यवहार में लाने बड़ा कठिन है। एक दो किताब पढ़कर थोड़े बहुत सामान्य वास्तुदोष तो ठीक किए जा सकते हैं, पर महत्वपूर्ण वास्तुदोष को दूर कर पाना संभव नहीं हो पाता है। अल्पज्ञान वाले तो सामान्य व महत्वपूर्ण वास्तु दोष में फर्क ही नहीं कर पाते हैं, अतः योग्य विद्वान वास्तुशास्त्री से परामर्श लेना ही लाभप्रद रहता है।

अंत में

कई वर्षों के सफल वास्तु परामर्श के अनुभवों के बाद मैंने वास्तु एवं फेंग शुई के विभिन्न पहलुओं पर आठ पुस्तकें लिखी हैं ताकि इन पुस्तकों का अध्ययन कर आप अपने निवास स्थान या व्यावसायिक स्थल को वास्तु अनुरूप बना सकें, या उनमें परिवर्तन कर सुख शांति एवं समृद्धि भरा जीवन व्यतीत कर सकें।

मैंने अनुभवों में पाया है कि दुनिया के किसी भी कोने में, जीवन के किसी भी क्षेत्र में, कोई सफल है तो उसका निवास स्थान या व्यावसायिक स्थल वास्तु अनुरूप अवश्य होता है। यदि वहां थोड़ा–सा भी वास्तु दोष होता है तो उस वास्तु दोष से होने वाले कुप्रभाव को उन्हें अपने जीवन में अवश्य भुगतना भी पड़ता है।

आम लोगों में भ्रांति है कि, वास्तु अनुरूप भवन निर्माण करना बहुत महंगा होता है, जगह बर्बाद होती है। परंतु यह बात पूर्णतः गलत है। सच तो यह है कि वास्तु अनुरूप भवन बनाना सस्ता पड़ता है और जगह की बर्बादी बिलकुल ही नहीं होती है। देखा जाए तो एक–एक इंच जगह का उपयोग सही तरीके से होता है। वास्तु अनुरूप छोटा मकान भी बड़ा–बड़ा व खुला हुआ नजर आता है।

मैंने अपनी पुस्तकों में वास्तु का सम्पूर्ण लाभ लेने के लिए कई सिद्धांत बताए हैं यदि आप उन सभी का पालन करने में असमर्थ हैं तो भी मेरा आपसे अनुरोध है कि सुखद एवं सफल जीवन के लिए कम से कम नीचे लिखे वास्तु के मात्र तीन महत्वपूर्ण सिद्धांतों का अनुसरण करें। इन तीनों का महत्त्व इस प्रकार समझें कि, जैसे परीक्षा में 100 नंबर का प्रश्न पत्र है तो, यह तीन अनिवार्य प्रश्न 20–20 नंबर के हैं, बाकि सब प्रश्न 1–1, 2–2 नंबर के हैं। इस प्रश्न पत्र में एक विशेष बात ध्यान देने योग्य है कि, यदि तीनों में से किसी भी एक प्रश्न का उत्तर गलत है तो, उसका ऋणात्मक मूल्यांकन हो जाता है।

1. किसी भी भूखंड या भवन का ईशान कोण NE ढका, दबा, कटा, घटा, गोल नहीं होना चाहिए और नैऋत्य कोण SW कभी बढ़ा हुआ नहीं होना चाहिए।

2. भूमिगत पानी का स्रोत जैसे कुआं, बोरिंग, टंकी, सैप्टिक टैंक इत्यादि या अन्य किसी भी प्रकार का गड्ढा, जमीन व फर्श का ढाल केवल उत्तर, ईशान व पूर्व दिशा में ही होना चाहिए। इसके अलावा किसी और दिशा में नहीं होना चाहिए। ध्यान रहे कि सैप्टिक टैंक ईशान कोण में कभी नहीं बनाना चाहिए। सैप्टिक टैंक उत्तर या पूर्व दिशा में ही बनाना चाहिए।
3. चहारदीवारी एवं भवन का मुख्य द्वार पूर्व ईशान, दक्षिण आग्नेय, पश्चिम वायव्य और उत्तर ईशान में कहीं भी रखा जा सकता है परंतु मुख्य द्वार कभी भी पूर्व आग्नेय, दक्षिण नैऋत्य, पश्चिम नैऋत्य या उत्तर वायव्य में नहीं होना चाहिए। विशेष – दक्षिण नैऋत्य या पश्चिम नैऋत्य में किसी भी स्थिति में प्रवेश द्वार नहीं होना चाहिए।

   यदि वास्तु में इन तीन सिद्धांतों का पालन किया जाए तो यकीन मानिए की आपका वास्तु प्रथम श्रेणी में आ सकता है।

यदि किसी भवन में उपरोक्त तीनों में से कोई भी एक वास्तुदोष है, तो निश्चित है कि उसमें रहने वालो का जीवन सुखद हो ही नहीं सकता। यदि आज किसी का भाग्य प्रबल है, तो हो सकता है उसे अभी अहसास न हो, पर जब भाग्य साथ देना बंद करेगा, तब यह वास्तुदोष उसके जीवन में दुःखद एवं भयंकर परेशानियां पैदा कर सकते हैं।

उपरोक्त तीनों वास्तु दोषों को बिना तोड़–फोड़ के ठीक करना असंभव है। इन दोषों को दूर करने के लिए आप कितने ही पिरामिड, श्रीयंत्र, घंटियां, क्रिस्टल बॉल या अन्य फेंग शुई की सामग्री लगा लें, वास्तु शांति करा लें, पूजा–पाठ, टोने–टोटके, यंत्र, तंत्र, मंत्र का उपयोग कर लें, सब समय व पैसा बर्बाद करने वाली बातें हैं।

यदि आप किसी वास्तुदोष के कारण परेशान हैं या नया भवन निर्माण करना चाहते हैं, तो किसी योग्य, अनुभवी वास्तुशास्त्री की सलाह पर ही अमल करें। अच्छे वास्तुशास्त्री को उचित फीस देने में संकोच बिलकुल न करें। ध्यान रहे सच्चे, योग्य व अनुभवी वास्तुशास्त्र के जानकार का परामर्श शुल्क अधिक ही होता है, जो आपको सलाह के अलावा और कुछ देते भी नहीं हैं। जैसे पिरामिड, श्रीयंत्र या अन्य वस्तुएं। पर उनसे मिलने वाले परामर्श का लाभ उनके परामर्श शुल्क से हजारों गुना ज्यादा कीमती होता है, जो आपके जीवन में सुख–शांति, समृद्धि लाता है।

द नेबुला इंटरनेशनल स्कूल ऑफ वास्तु साइन्स

अंतर्राष्ट्रीय ख्यातिप्राप्त वास्तुविद् श्री कुलदीप सलूजा द्वारा वास्तु–फेंग शुई के विभिन्न विषयों पर लिखी गई आठ पुस्तकों को अंतर्राष्ट्रीय स्तर पर पाठकों द्वारा न केवल सराहना मिली है, बल्कि उनकी लोकप्रियता भी तेजी से बढ़ी है।

श्री सलूजा ने, हजारों वर्षों के अनुसंधान के बाद ऋषि–मुनियों द्वारा प्रदत्त वास्तु ज्ञान एवं चीन के विद्वानों द्वारा खोजे गये पांच हजार वर्ष पुराने चीनी वास्तुशास्त्र फेंग शुई के गहन अध्ययन, मनन और अनुसंधानात्मक कार्यों से अपनी एक विशिष्ट पहचान स्थापित की है। देश और विदेश की यात्रा के दौरान अनेक प्रकार की शंकाओं का समाधान प्रश्नोत्तर के माध्यम से किया है। वहीं वे इस क्षेत्र में वास्तु शिक्षा, शिक्षार्थियों और शिक्षकों के निर्माण के प्रति भी कृतसंकल्प हैं ताकि, यह ज्ञान–विज्ञान ज्यादा–से–ज्यादा लोगों तक पहुँच सके। इसी वास्तु शिक्षा के क्रियान्वयन हेतु उनके द्वारा पत्राचार पाठ्यक्रम शुरू किया जा रहा है। इस पत्राचार पाठ्यक्रम के माध्यम से इस क्षेत्र में रुचि रखने वाले विश्व भर के जिज्ञासु शिक्षार्थी न केवल ज्ञानवान बनेंगे बल्कि वे अपने प्राप्त ज्ञान से वास्तुविद् बनकर आर्थिक उपार्जन कर एक स्वतंत्र, सम्मानजनक जीवन भी जी सकेंगे।

कई पाठकों से प्राप्त पत्रों में वास्तु सीखने एवं इसी क्षेत्र में अपना कैरियर बनाने की इच्छा व्यक्त की गई थी। इसी इच्छा का सम्मान करते हुए श्री सलूजा द्वारा "The NEBULA International School of Vaastu Science" की स्थापना की गई है। संस्था द्वारा वास्तु–फेंग शुई का विश्वस्तरीय पत्राचार पाठ्यक्रम (Correspondence Course) प्रारम्भ किया गया है। इस पाठ्यक्रम की सामग्री को श्री सलूजा द्वारा वास्तु–फेंग शुई के 20–22 वर्षों के व्यक्तिगत व्यावहारिक अनुभव के आधार पर इस प्रकार तैयार किया गया है जिसमें आप घर बैठे वास्तुशास्त्र के वैज्ञानिक रहस्यों को न केवल जान पाएंगे बल्कि उनसे दूसरों की शंका का समाधान भी अच्छे ढंग से कर सकेंगे।

श्री सलूजा के अनुसार इस पाठ्यक्रम को करने के बाद शिक्षार्थी विश्व में कहीं भी किसी भी प्रकार के मकान, दुकान, फ्लैट, ऑफिस, विवाह परिसर, फैक्टरी, इंडस्ट्री, फार्म हाउस, कृषि–भूमि, शापिंग कॉम्पलेक्स, मल्टी स्टोरी, टाउनशिप इत्यादि के छोटे–बड़े किसी भी प्रकार के वास्तुदोषों का निवारण सफलतापूर्वक कर सकेंगे।

पाठ्यक्रम पर आधारित पत्राचार सामग्री समय–समय पर प्रशिक्षुओं को डाक द्वारा भेजी जाएगी। श्री सलूजा द्वारा शिक्षार्थियों से प्राप्त सामग्री (असाइनमेन्ट) का मूल्यांकन करने के बाद परीक्षा परिणाम से अवगत कराया जाएगा और परीक्षा में उत्तीर्ण (न्यूनतम 75 प्रतिशत अंक प्राप्त करना आवश्यक है) शिक्षार्थियों की व्यावहारिक कार्यशाला आयोजित कर उन्हें प्रमाण–पत्र प्रदान किए जाएंगे। इस कार्यशाला में श्री सलूजा द्वारा उत्तीर्ण शिक्षार्थियों को व्यावहारिक

मार्गदर्शन और अन्य महत्वपूर्ण जानकारियाँ उपलब्ध कराई जाएंगीं। यह पाठ्यक्रम कम–से–कम छः माह व अधिक–से–अधिक एक वर्ष में पूरा किया जा सकता है।

वास्तु–फेंग शुई पाठ्यक्रम में प्रवेश लेने की प्रक्रिया

जो व्यक्ति इस पाठ्यक्रम में भाग लेना चाहते हैं उन्हें सादे कागज पर अपना नाम, पता, टेलीफोन/मोबाइल नं., इत्यादि के साथ पाठ्यक्रम की फीस के रूप में 20,000/– रुपये का बैंक ड्राफ्ट आवेदन पत्र के साथ भेजना होगा। ड्राफ्ट "The NEBULA International School of Vaastu Science" के नाम पर Payable at UJJAIN होना चाहिए।

भारत से बाहर विदेश में रहने वाले प्रशिक्षुओं के लिए शिक्षण शुल्क US $1000 रखा गया है। शिक्षण शुल्क एक ही बार में देना होगा। जिसमें किसी प्रकार की इंस्टालमेन्ट की सुविधा नहीं है। आवेदन पत्र एवं बैंक ड्राफ्ट रजिस्टर्ड डाक से इस पते पर भेजें।

The NEBULA International School of Vaastu Science
Billoo & Billoo, Freeganj, UJJAIN - 456 010 INDIA

पाठ्यक्रम के बारे में विस्तृत जानकारी प्राप्त करने के लिये इन नम्बरों पर सम्पर्क कर सकते हैं:

Mobile : 09425091601
Phones : 0091 - 734 - 2513229, 2520068
Fax : 0091 - 734 - 2513842
E-Mail: kuldeep@vaastuguru.com
billoo@sancharnet.in
Website : www.vaastuguru.com

आवेदन पत्र एवं फीस की राशि का बैंक ड्राफ्ट मिलने के बाद ही रजिस्ट्रेशन किया जाएगा व परिचय–पत्र, पाठ्य सामग्री एवं वास्तु किट भेजी जाएगी। पाठ्यक्रम सामग्री कुरियर या डाक द्वारा समय–समय पर भेजी जाएगी।

लेखक से वास्तु संबंधी व्यावसायिक परामर्श

वास्तुविद् श्री कुलदीप सलूजा, उज्जैन शहर के प्रसिद्ध व्यवसायी संस्थान "Billoo & Billoo" Group के संचालक एवं अनुभवी वास्तु सलाहकार हैं।

सामान्यतः देखने में आता है कि छोटे–छोटे वास्तुदोषों के कारण कई निर्माण कार्य आधे–अधूरे रह जाते हैं या निर्माण के दौरान ही अनेक प्रकार की समस्याएं उत्पन्न हो जाती हैं। किसी मकान या फ्लैट में जाकर रहने के बाद उस परिवार में आर्थिक, मानसिक व शारीरिक कष्ट या परिवार में दुःखद हादसे शुरू हो जाते हैं। व्यावसायिक दृष्टि से बनाई गई आधुनिक सुख–सुविधाओं से सुसज्जित मल्टी स्टोरी बनकर तैयार है परन्तु कोई खरीदने को तैयार नहीं है। इसके अतिरिक्त ऐसी कई समस्याएं; जैसे अच्छी चलती दुकान का विस्तार करने या नया फर्नीचर बनाने के बाद व्यापार एकदम ठप्प हो गया है। नया शॉपिंग कॉम्पलेक्स बनने के बाद दुकानें नहीं बिकने से उजाड़ पड़ी हुई हैं। नई दुकान में कारोबार शुरू किया पर ग्राहकी नहीं होने से वह निरन्तर घाटे में चल रही है। फैक्टरी बन कर तैयार है, परन्तु प्रोडक्शन शुरू नहीं हो पा रहा है या फैक्टरी शुरू तो हो गई परन्तु घाटे में चल रही है। ऐसी अनेक समस्याएं समय–समय पर उत्पन्न हो जाती हैं।

यदि आप भी ऐसी किसी समस्या से परेशान हैं और अपने मकान, दुकान, फ्लैट, ऑफिस, विवाह परिसर, फैक्टरी, इंडस्ट्री, फार्म हाऊस, कृषि–भूमि, शापिंग कॉम्पलेक्स, मल्टी स्टोरी, टाउनशिप इत्यादि के वास्तुदोष निवारण के लिए व्यावसायिक परामर्श चाहते हैं अथवा वास्तु अनुरूप नया निर्माण करवाना चाहते हैं तो निम्नलिखित पते व टेलीफोन नंबर पर सम्पर्क कर अपना समय सुनिश्चित कर सकते हैं।

ध्यान रहे, श्री सलूजा बहुत व्यस्त वास्तु सलाहकार हैं। वे भारत के अलावा अन्य कई देशों में भी वास्तु संबंधी सलाह देने जाते रहते हैं। इस कारण वे शीघ्र उपलब्ध नहीं हो पाते हैं।

CONTACT AT

Kuldeep Saluja
The NEBULA International School of Vaastu Science
Billoo & Billoo, Freeganj, UJJAIN - 456 010 INDIA
Mobile : 09425091601 **Phones :** 0091 - 734 - 2513229, 2520068
Fax : 0091 - 734 - 2513842
E-Mail: kuldeep@vaastuguru.com
billoo@sancharnet.in
Website : www.vaastuguru.com

प्रिय पाठक,

यह पुस्तक आपके सम्मुख पहुंच चुकी है। यह पुस्तक आपको कैसी लगी? वैसे पुस्तक में त्रुटियां होना संभव है। मगर कोशिश यही रही कि पाठकों को वास्तु पर सारगर्भित जानकारी दी जाए। अगर कोई त्रुटि रह गई हो या आपका कोई अमूल्य सुझाव हो तो कृपया मुझे जरूर लिखकर भेजें। मै आपका अत्यंत आभारी रहूंगा। मैं अगले संस्करण में उसे सुधारने का प्रयास करूंगा। मुझे आपके पत्रों का इंतजार रहेगा।

– कुलदीप सलूजा

फ्लैट और ऑफिस

आज के महानगरीय जीवन में फ्लैट और ऑफिस का खासा महत्त्व है क्योंकि एक महानगरीय व्यक्ति का लगभग सारा समय फ्लैट और ऑफिस में ही गुजरता है। इसलिए फ्लैट या ऑफिस का निर्माण वास्तु एवं फेंग शुई अनुरूप ही करना चाहिए, क्योंकि सकारात्मक ऊर्जा का प्रभाव उनके जीवन के साथ–साथ उनकी कार्यक्षमता पर भी पड़ता है। सुख–समृद्धि से भरा जीवन जीने के लिए विद्वान लेखक ने इस पुस्तक में वास्तु एवं फेंगशुई पर अचूक उपायों का वैज्ञानिक अध्ययन प्रस्तुत किया है। इस पुस्तक में कई वास्तु सम्मत ऐसी जानकारियां हैं, जो जन साधारण के अतिरिक्त भवन निर्माता, आर्किटेक्ट एवं वास्तुविदों के लिये लाभकारी सिद्ध होगी।

भवन निर्माण

इसमें कोई शक नहीं भवन निर्माण एक कला है लेकिन इस कला के साथ वास्तु एवं फेंग शुई का जब प्रयोग करते हैं तब भवन की पवित्रता, भव्यता व सकारात्मक ऊर्जा उस भवन के साथ जुड़ जाती है। अगर आप नया मकान या भवन निर्माण के विषय में सोच रहे हों तब अवश्य वास्तु अनुरूप भवन निर्माण के विषय में सोचें। इस पुस्तक में विख्यात लेखक ने भवन निर्माण में वास्तु एवं फेंग शुई की उपयोगिता का वैज्ञानिक अध्ययन प्रस्तुत करने की चेष्टा की है। जिससे यह पुस्तक भवन निर्माताओं के लिये अत्यंत उपयोगी सिद्ध होगी।

उत्तम स्वास्थ्य

सबसे बड़ा धन उत्तम स्वास्थ्य होता है अगर आप स्वस्थ हैं तो दुनिया में सब कुछ पा सकते हैं। दुनिया के किसी भी कोने में आवासीय भवन, दुकान, कार्यालय, कारखाना, देवालय, विद्यालय, अस्पताल इत्यादि वास्तुशास्त्र के नियमों के विपरीत बने हों तो, वहां पर निवास करने वाले स्वस्थ नहीं रह सकते।

वास्तु का माध्यम कोई औषधि नहीं है अपितु प्रकृति में व्याप्त सकारात्मक ऊर्जा का अधिक से अधिक लाभ लेकर स्वस्थ रहने के लिये उस भवन का वास्तुअनुरूप होने से है। विद्वान लेखक ने स्वास्थ्य संबंधी परेशानियों के निराकरण हेतु वास्तु एवं फेंगशुई के अचूक सुझाव इस पुस्तक में सुझाये हैं। इस पुस्तक में ऐसे लेख हैं, जिनमें अनेक रोगों के कारण व निवारण पर चर्चा की गई है।

आंतरिक साज–सज्जा

अगर आप घर को बाहर से सजाते हैं, लेकिन अन्दर से कैसे भी रखते हों तो यह गलत है। जितना जरूरी घर को बाहर से सजाना है उससे कहीं ज्यादा जरूरी है घर को अंदर से सजाना क्योंकि जिस घर में आप निवास करते हैं उसकी आंतरिक साज–सज्जा आपके अन्दर सकारात्मक ऊर्जा के साथ–साथ आपके विकास में सहायक बनती है। परिवार की सुख–शान्ति एवं समृद्धि के लिये यदि आप वास्तु एवं फेंग शुई के माध्यम से घर की आंतरिक साज–सज्जा करते हैं तो निश्चित ही इसमें आपको सफलता मिलेगी। वास्तु एवं फेंग शुई द्वारा गृह सज्जा में वैज्ञानिक, तार्किक सौन्दर्य प्रस्तुत करना इस पुस्तक की विशेषता है।

विवाह एवं कैरियर

विवाह हो या कैरियर, दोनों में चुनाव की जरूरत पड़ती है। चुनाव किस आधार पर करें उसके लिए आपकी रुचियां और प्राथमिकताएं जिम्मेदार होती हैं, लेकिन इन रुचियों और प्राथमिकताओं का मिलान जब आप वास्तु एवं फेंग शुई के साथ जोड़कर करेंगे तो इस क्षेत्र में आपको सफलता की अपार संभावनाएं मिलेंगीं। सुखी विवाहित जीवन और विद्यार्थियों के उज्ज्वल भविष्य में वास्तु/फेंग शुई कैसे खुशहाली और समृद्धि ला सकता है, इस पुस्तक में उसका तर्कसंगत और वैज्ञानिक अध्ययन प्रस्तुत किया गया है।

प्लॉट

अच्छा प्लॉट चुनने में व्यक्तिगत रुचि और अर्थ सीमा के साथ–साथ वास्तु की नजर भी जरूरी है, उसे नजरअंदाज न करें। वास्तु और फेंग शुई की मदद से आप कैसा प्लॉट खरीदें जो आपके जीवन में सुख–समृद्धि और खुशियां से भर सके, इस विषय पर विद्वान लेखक ने वास्तु एवं फेंग शुई के आधार पर उन अचूक उपायों का वैज्ञानिक अध्ययन इस पुस्तक में प्रस्तुत किया है।